朱廷珺 胡静寅 高云虹 安占然 等◎著

西部地区承接产业转移的动力、效率与布局

人民出版社

策划编辑:郑海燕
封面设计:吴燕妮
责任校对:吕　飞

图书在版编目(CIP)数据

西部地区承接产业转移的动力、效率与布局/朱廷珺 等 著.
　—北京:人民出版社,2015.6
ISBN 978 - 7 - 01 - 014849 - 6

Ⅰ.①西…　Ⅱ.①朱…　Ⅲ.①区域经济-产业转移-研究-西南地区
　②区域经济-产业转移-研究-西北地区　Ⅳ.①F127

中国版本图书馆 CIP 数据核字(2015)第 100581 号

西部地区承接产业转移的动力、效率与布局
XIBU DIQU CHENGJIE CHANYE ZHUANYI DE DONGLI XIAOLÜ YU BUJU

朱廷珺、胡静寅、高云虹、安占然 等　著

人民出版社 出版发行
(100706　北京市东城区隆福寺街 99 号)

北京集惠印刷有限公司印刷　新华书店经销

2015 年 6 月第 1 版　2015 年 6 月北京第 1 次印刷
开本:710 毫米×1000 毫米 1/16　印张:14.5
字数:200 千字

ISBN 978 - 7 - 01 - 014849 - 6　定价:38.00 元

邮购地址 100706　北京市东城区隆福寺街 99 号
人民东方图书销售中心　电话 (010)65250042　65289539

目　　录

导　　论

　　产业空间布局与转移问题是国际经济学界的前沿问题,需要探讨的理论问题甚多。对西部地区而言,承接产业转移是一次规模巨大的工业化和现代化过程,对当地经济、社会、文化、生态等方面的影响极其深远。如何科学承接国内外产业转移、提高承接的效率已成为企业、政府部门和学术界高度关注的热点。

一、问题的提出

　　世界经济史上,真正意义上的国际产业转移浪潮发生过四次。第一次浪潮发生在第一次科技革命后期的 18 世纪末至 19 世纪上半叶,产业转移的路径是从英国向欧洲大陆和美国转移。正是对这次来自英国的国际产业转移的承接,奠定了美国后来领跑第二次科技革命的物质和技术基础。可以说,第一次国际产业转移浪潮推动了"世界工厂"的第一次变迁,美国取代英国成为名副其实的第一工业强国。

　　第二次浪潮是在第二次世界大战后的 20 世纪 50—60 年代,产业转移的路径是从美国向日本和联邦德国转移。美国在确立了全球经济和产业技术领先地位后,率先进行了产业结构的调整升级,在国内集中力量发展汽车、化工等资本密集型产业,将纺织业等传统产业通过对外直接投资方式向正处于经济恢复期的日本和联邦德国转移。这一次国际产业转移,推动了"世界工厂"的第二次变迁,联邦德国发展成为世界经济强国,日本发展成为"世界工厂"。

第三次国际产业转移浪潮是在20世纪70—80年代,产业转移主要发生在东亚地区。日本成为第三次国际产业转移主要的产业输出国,而亚洲"四小龙"是这次国际产业转移的主要承接地。经过劳动密集型、资本密集型和部分标准化了的资本和技术密集型产业的逐步输出,日本在东亚成为引领"雁阵飞翔"的头雁,并催生了亚洲"四小龙"的经济发展奇迹。

第四次国际产业转移发生在20世纪80年代末90年代初,并一直持续到21世纪的今天。美、欧、日等发达国家和亚洲"四小龙"等新兴工业化国家(地区)继续把劳动密集型产业、高耗能产业和一般技术密集型产业向发展中国家转移,特别是把加工制造业和电子信息产品制造业向中国内地转移,美国、日本和欧洲发达国家重点发展知识密集型产业,新兴工业化国家(地区)重点发展技术密集型产业。这一次国际产业转移通过生产要素(资本、劳动力、资源、技术等)的全球范围流动和全球价值链垂直分工实现。由于中国坚持改革开放,融入经济全球化浪潮,逐渐成为这次全球产业转移的最大承接地,并使得中国在制造业低端加入全球价值链,与全球产业实现对接和融合,成为新的"世界工厂"和"代工制造平台"。由于加工贸易的大力发展,中国迅速成长为世界第一大出口国。

然而,自2008年全球金融危机爆发以来,由于美、欧、日等发达经济体的复苏缓慢和中国国内人口老龄化的迅速到来,中国借助第四次国际产业转移所建立起来的依靠廉价劳动力支撑的出口导向型增长方式难以为继。在此背景下,中国提出扩大内需,转变发展方式,调整经济结构,寻找新的经济增长点。承接产业转移依然是调整经济结构和转变发展方式的有效途径和重要举措。

从世界经济发展史看,发达国家几乎都把产业转移作为调整产业结构、提升产业竞争力的手段,合理地承接国际产业转移能够很好地带动欠发达地区的经济快速发展。正因为如此,即使在世界经济大幅波动时期,中国仍是跨国公司对外直接投资的主选地,成为第四次国际产业转移的主要承接国,连续二十多年成为发展中国家第一大 FDI 东道国。

与此同时,随着中国东部沿海地区经济发展模式转型和经济发展要素变化,沿海地区大量制造业、服务业企业已经发生和正在进行向中国内地以及越南、柬埔寨等周边国家转移。2010 年,仅广东、上海、浙江、福建四省市转出的产业产值就达 14000 亿元左右。西部大开发战略的实施,强化了东部产业向西部转移的趋势。① 毋庸置疑,伴随着"一带一路"战略的实施,在今后相当长的时间里,这种趋势还会继续加强。因为"引进来"和"走出去"、产业转移和承接,在西部大开发战略和"一带一路"战略中都被确定为推动战略实施的重要内容。

然而,各地在产业转移和承接中,暴露出的问题越来越严重。由于经济落后,对国内外投资渴望度较高,一些地区招商引资任务量化和政绩倾向重新抬头,致使一些高耗能、高污染、低技术和过剩产能项目,拐弯抹角落户西部。一些地区虽然强调和杜绝了禁止性项目落户,但在承接产业转移过程中缺乏足够的耐心,没有深入考察项目与当地的资源禀赋关联、与区域经济中心联系程度和未来发展前景,或者明知是过度开发,也以有利于脱贫致富为由,草率论证,以所谓的"快速通道"仓促上马。类似报道不绝于各种媒体,甚至就发生在身边。毫无疑问,这些非科学发展方式,将会导致西部地区进一步陷入国际分工体系中的"路径依赖"和"低端锁定",一些资源富裕地区已经陷入"资源诅咒"。对此如果听之任之,不加以深入研究,及时解决,将会事与愿违。

本书所关心的问题是,在发展经济学中把利用外资和承接产业转移作为外援的主要方式,能够促进东道国(承接地)经济增长,世界大

---

① 国家对东部产业向西部转移的政策支持力度不断加大,如早在 2006 年商务部就启动的"万商西进"工程,2007—2010 年国家开发银行安排 300 亿元信贷资金,支持中西部地区承接加工贸易梯度转移。

规模的产业转移似乎反复证明了这种效应的存在。那么,在深入开展西部大开发和调结构、转方式的背景下,承接产业转移究竟意味着什么?为什么会出现优惠政策攀比,招商容易而落地生根难?究竟是地方政府肩负的发展压力大,还是理论准备不足,对不同类型的产业转移及其发展前景缺乏甄别和判断?西部地区如何把握国内外产业转移出现的新动向?如何弄清产业转移的驱动因素?如何评价产业转移和承接的效率和利益?如何评估产业承接的基础和条件?如何在国家调结构、转方式和深入推进西部大开发战略背景下科学承接产业转移?如何抓住"一带一路"建设新机遇,夯实产业转移与承接的物质基础和制度基础?怎样对接各种发展战略、整合各种优惠政策,做到科学谋划和布局,进而在沿海地区逐渐向全球价值链高端延伸的前提下构建国内价值链?等等。

总之,从产业移入地视角考察西部地区承接国内外产业转移的动力机制,构建相应的效率评价指标体系,通过科学的方法考察西部各省区市承接能力,这对于西部地区承接国内外产业转移与可持续发展、东部地区产业升级和向外转移,以及地区开放战略的设计和政策制定都具有极为重要的意义。同时,对丰富和完善产业转移相关理论也具有重要学术价值。

二、理论演进

产业转移的概念迄今尚无统一的定义。大多数学者认为,产业转移是以企业为主导的经济活动,是由于资源供给或产品需求条件发生变化后,某些产业从某一国家或地区转移到另一国家或地区的经济行为和过程。这是一个包含国际间与地区间投资和贸易活动的综合性的要素与商品流动过程,其在客观上表现为时间和空间维度的动态移动,是国际间或地区间产业分工形成的重要因素,也是转移地区与承接地区产业结构调整和产业升级的重要途径。产业转移的最终目的是实现资源的最优配置,促进分工结构的优化。

产业转移理论研究的内容包括产业转移的原因与结果,具体可以细化为以下几个课题:为什么要进行产业转移? 其动机是什么? 如何进行产业转移? 其机理是怎样的? 产业转移的主体、客体、形式是什么? 有无模式? 产业转移的产业流向和地区流向有什么规律? 其条件是什么? 产业转移的效应有哪些? 对移出地和承接地有何影响? 从已有研究文献看,早期学者们已从不同的角度对产业转移的机制进行了探究。20 世纪 90 年代以来,特别是进入 21 世纪以后,产业转移理论与国际经济学及经营理论的联系日趋紧密,向微观领域发展的倾向越来越明显,更加注重产业转移动因的微观基础。

(一)产业转移的动因

从国家和区域层面看,产业转移的主要原因有生产要素供给条件、经济发展水平、国家政策、技术创新等。赤松要(Akamatsu,1935)提出的雁行模式可看作是较早的产业转移理论,该模式根据日本棉纺织业发展的实践总结而来,说明了幼稚产业通过产业转移引进技术实现快速发展的必要性。[①] 用“产品生命周期”统领比较优势变化的美国学者雷蒙德·维农(Raymond Vernon,1966)运用动态分析方法,从产品自身演化的角度分析了产业转移的动因,并通过产品生命周期的变化来解释产业国际转移现象。该理论认为,任何工业产品都有一定的生命周期,产品生命周期的变动会导致产品生产地点的变动,从而实现产业转移。他认为,一国的产业转移,实际上是产品的生产在要素丰裕程度不一的国家间转移。日本学者小岛清(Kiyoshi Kojima,1978)通过观察日本产业转移的现象,提出了边际产业扩张论。他从西方宏观经济学理论出发,采用动态方法分析了日本比较优势产生的原因及其变化,回答了这些原因和变化对日本跨国公司产业转移的影响。该理论认为,产

---

① Akamatsu K.,“A Historical Pattern of Economic Growth in Developing Countries”,*The Developing Economies*,1962,Vol.14.

业转移是边际产业出于回避产业比较劣势,显现其潜在比较优势而实施的空间转移。

这些理论对我国学者的影响较大。早期的梯度转移论(夏禹农、冯文浚,1982;何钟秀,1983;周起业等,1989)认为,随着时间的流逝和主导部门生命周期阶段的变化,区域主导部门趋于衰退并逐步由高梯度地区向低梯度地区转移。

威廉·阿瑟·刘易斯(William Arthur Lewis,1978)在《国际经济秩序的演变》一书中,分析了20世纪60年代非熟练劳动密集型产业由发达国家转移到发展中国家的原因。他指出,这是由于发达国家人口增长率过低(几乎为零)而工业增长速度过高引致非熟练劳动力短缺的缘故。尽管刘易斯没有回答资本、技术密集型产业转移的条件,但他建立在 H-O 要素禀赋模型基础上的观点,符合当时的现实,至今还有非常深远的影响。

20世纪90年代以后,国际产业转移理论研究进入新的阶段,视角进一步扩大。日本学者关满博(Seki Mitsuhiro,1997)以各国技术结构的差异性为切入点,认为技术差异导致了产业分工,产业分工又导致了产业转移。威尔斯(L. T. Wells,1977)的小规模技术理论、拉奥(Sanjayalall,1983)的技术地方化理论、坎特维尔(John A. Cantwell)和托兰惕诺(Paz Estrella Tolentino,1990)的技术创新产业升级理论则从局部创新的角度探讨了区际产业转移。一些学者还把产业转移与国家政策行为联系起来,解释一些发展中国家出于贸易保护的需要而出台的一系列政策,影响了产业转移的主体、客体以及产业流向和地区流向。劳尔·普雷维什(Paul Prebisch,1990)认为,发展中国家迫于发展的压力而实行的进口替代战略,是产业转移发生的根源。因为正是进口替代战略为发达国家产业向发展中国家转移打开了大门。一些实证研究文献表明,政府政策是影响中小企业区位行为的主要因素之一。政府在企业迁移中所起的作用,包括基础设施、设定特区、补贴和退税等。其中,基础设施的建设会影响制造业企业区位的选择,企业更愿意以距离城市更远的成本定位,在更接近高速公路的区域选址(Adelheid Holl,2001)。

以上论点大多是从比较宏观的层面对产业转移进行分析的。事实上,离开产业转移的微观主体——企业,很难将产业转移的动机分析透彻到位。20世纪60—80年代,众多学者开始从企业的空间扩张这一微观角度研究产业转移的动因。史蒂芬·海默(Stephen Hymer,1960)创立的垄断优势化是从实证研究美国跨国公司入手提出系统的国际直接投资理论,他认为,垄断与优势结合是国际直接投资的主要动机,而国际直接投资便是企业产业转移的开始。约翰·邓宁(John Harry Dunning,1977)进一步用O-L-I模型来说明企业的对外投资和扩张行为,较好地解释了一些新兴工业化国家(地区)在国际产业转移发展历程中的地位转变。他在国际生产折中理论中认为,企业将其所有权优势和内部化优势与承接地的生产要素结合运用比在本国运用更有利时,便产生了产业的国际转移。以西蒙(Simon,1959)、普莱德(Pred,1967)和西门纳尔(Schmenner,1982)等为代表提出的"企业迁移行为理论"认为,企业迁移的动力是区位推力和吸力的合力。其中,推力主要有企业内因和外部原因。内因主要与企业扩张有关,即当前区位限制了企业扩张,或者当前区位的代表性有限(随着企业的规模及时间的改变,该区位的使用频率也会变化)时,企业就有了迁移的要求;外部原因主要包括到达企业所在地较困难、远离市场、现有建筑物损坏、政策环境不好、劳动力供给不充足、房屋购买和租用成本过高,这些因素都会成为企业迁出的动力。与推力相反,有足够的空间,接近分销商、供应商和顾客,劳动力供应充足,生产成本低,并且房地产价格合适、适宜居住等,是吸引企业迁入的重要因素。此外,经济地理学中的企业成长空间扩张论,即沃茨(Watts,1980)的市场区扩大模式、泰勒(Taylar,1975)的组织变形及区域演化模式、哈坎逊(Hakanson,1979)

的全球扩张模式、迪肯（Dicken，1986，1990）的全球转移模式，以及史密斯（D.M.Smith，1971）的企业赢利空间界限论等都是微观层面分析产业转移动因的经典理论。

但是，上述理论大都将市场假定为完全竞争市场，不存在规模经济，这对于以克鲁格曼（Krugman）为代表的新经济地理（New Economic Geography，NEG）学派来说是不可接受的。缺乏规模经济和不完全竞争的区位模型，只是一个残缺不全的空间模型（Krugman，1991）。为此，在规模经济和不完全竞争假设的前提下，克鲁格曼、藤田（Krugman & Fujita，1999）及维森（Wissen，2005）等将中心—外围理论模型化，并将企业经济活动的空间定位与新贸易理论联系起来，构建了一系列严谨而精致的空间基本模型，回答了企业空间转移的动因及路径选择。

国内研究的代表人物梁琦（2004）以空间经济学为基础，用产业区位的周期性变化说明了产业的区域转移现象；卢根鑫（1994）、陈建军（2002）、陈刚和陈红儿（2001）等学者从产业成长和演化的角度对产业空间转移进行了解释；石奇（2004）则用集成经济的原理解释了产业转移的微观机理，认为产业转移是企业在技术手段之外通过对市场的重组和集成实现经济性的结果。

张可云（2001）认为，区际产业转移是区际产品和要素流动之外的另一种区际经济联系的重要方式。从某种程度上来说，区际产业转移既是对区际商品贸易与要素流动的一种替代，又会促进劳动力、资本与技术等要素在区域间的流动。刘世锦（2003）认为，由于产业聚集等因素的影响，区际产业转移未必会发生。如产业聚集使东南沿海地区形成了一个非常重要的后天优势，即高度专业化分工基础上的产业配套条件。这一条件一旦形成并趋于成熟后，再转向其他地区的成本就大大提高了。

近年来，中国经济出现了劳动力从无限供给到短缺的刘易斯转折点，人们提出中国是否还有劳动力比较优势、依靠什么吸引国际产业转移等问题。对此,蔡昉、王德文、曲玥(2009)提出,对于任何一个具体产业而言,区位优势必须要与其产业的特殊性相匹配才符合其区位要素要求,才能形成真正的优势。也就是说,与产业特征相匹配的区位优势在企业的区位决策中显得更加重要,承接产业转移的地区要具备逐渐改善的投资环境,以及提高劳动生产率的潜力。

然而,上述国内外模型大多未考虑企业异质性这一现实,而将企业假定为外生同质性。

学术界对于企业的异质性引致企业国际转移的探讨,多有统一的认识,但对于企业的异质性的界定却存在许多争议。主流文献多将生产率、产品质量和工人技能的差异视为异质性的源泉(Yeaple,2005),而引入新经济地理学模型的新新贸易理论文献则扩大了企业异质性的范围。

一是生产率的异质性。鲍德温和奥库博(Baldwin & Okubo,2005)将马汀和罗杰斯(Martin & Rogers,1995)的新经济地理学模型引入麦莱兹(Melitz,2003)的异质企业贸易模型,假定企业是异质的且是可以空间移动的,世界上只有两个国家(即北方国家和南方国家)、两个部门(即制造业 M 和农业 A)、两种要素(即劳动 L 和资本 K),并认为制造业部门生产的产品是异质的,农业部门生产的产品是同质的,可以自由流动。在此基础上,构建了分析企业国际转移的基本模型,并分别从不同企业的生产选择和市场进入方式进行模型扩展和论证。结果表明,新经济地理学模型中关于企业同质性的假定并非符合实际,由于企业异质性和滩头成本(Beachhead Costs)的存在,改变了企业集聚过程中的性质以及北方大国(中心)和南方小国(外围)的福利分配。同时,冰山贸易成本(Iceberg Trade Costs)的逐渐降低也导致了生产率高的企业逐渐从小国向大国转移以改善自身的福利水平。汉森和尼尔森(Hansen & Nielsen,2007)构建的双寡头贸易模型同样支持了上述结论。由此可见,企业边际生产成本度量的生产率的异质性驱动了企业的国际转移。

二是企业规模的异质性。对于这类问题的探讨最早是从行业规模的异质性视角切入的。坦车恩（Tsechien,2007）构建了规模不对称行业的垄断竞争模型,分析企业转移与行业规模的相互关系。研究认为,生产效率较高的企业会选择规模较大的行业,而生产效率较低的企业则会选择小行业。由于市场竞争程度的加剧和规模差异的存在,迫使大行业中生产效率最低的企业向小行业转移,而小行业中生产率最高的企业则会选择向大行业转移。鲍德温和奥库博（2006）深化了上述研究,发现本地市场效应（Home-Market-Effect）的存在和企业规模（Firm-size）的差异引致了企业的国际转移,这种转移可以是以 FDI 的形式,也可是以产品或服务的外包,或者是工序贸易（Trading Tasks）的形式。在此背景下,小国生产率高的企业会自发向大国转移,进一步巩固了大国的生产率收益,扭曲或损害了小国的生产率收益,使大国在贸易中获利较多,并得到企业转移所带来的额外红利（Extra Dividend）,而小国则相对获利较少。

三是贸易政策与企业分布的异质性。相关文献将贸易政策与企业分布的差异纳入异质性定义,是学者们将新经济地理学引入新新贸易理论用以解释异质企业国际转移的尝试性探索。鲍德温和奥库博（2006）将研究视线转向新经济地理学,在引入企业异质性假定后,对新经济地理学许多结论予以修正。通过对模型的分析表明,对异质企业的重新定位包含两种效应:选择效应（Selection Effect）和分类效应（Sorting Effect）。前者表明新经济地理学的实证方法过高估计了产业的集聚效应,后者则表明有利的区域贸易政策会诱导生产率最高的企业转移到核心地区（the Core）,生产率最低的企业则转移到外围地区（the Periphery）。此外,鲍德温和奥库博（2009）在马汀和罗杰斯（1995）与麦莱兹（Melitz,2003）研究的基础上,引入税收政策,构建多因素的异质企业转移模型,分析不同税制结构和税收变化对企业转移的影响。研究认为大企业和小企业对税收政策的反应是截然不同的，其中大企业更有可能逃避大国的高税收，转移到税收较低的国家。

国内学者对产业转移微观机理也进行了卓有成效的研究。张建虎、李长英（2010）基于产品多样性视角分析了企业集聚与企业的区位选择。而异质性企业贸易理论的提出和发展，则使得企业选址和国际化转移问题的研究更为深入。洪联英、罗能生（2007）基于企业生产率异质性假定，在回顾异质企业贸易模型的基础上整合了一个新的理论分析框架，对当前我国企业国际化进程中的发展路径及其策略问题进行深入剖析，并对企业国际化路径的选择提出相关建议。李春顶（2009）则拓展了新新贸易理论模型，选取了我国 36 个行业 1997 — 2006 年的数据证实了企业生产率的异质性决定了企业国际化路径选择的结论。钱学峰（2010）发现产业集聚可能是那些生产率较高的企业进行空间选择的结果，从而将微观企业的集聚与转移行和生产率水平联系起来，从全新的视角诠释了企业转移的动因及其内在机理。延续这一思路，刘海洋、孔祥贞、汤二子（2012）利用新近发展的新新经济地理框架，着重分析了产业集聚与企业效率的关系。研究发现，企业效率的差异使得高效率企业与低效率企业发生分离，从而出现企业转移活动，并引致区域产业结构的变迁。上述研究，不仅为企业转移的理论研究提供了来自中国的证据，也为我们观察中国经济地理格局的变化提供了崭新的微观视角。

（二）产业转移的模式与路径

产业转移的模式是由产业转移的主体、客体和形式变化所形成的特定形式。一般认为，产业转移往往发生在长期的国际贸易、国际投资或区域间贸易、区域间投资活动之后，只有在这两种活动有了一定的积累之后，产业转移才可能发生。在实际经济活动中，有时很难将产业转移和国际间或地区间的投资和贸易及技术转移活动截然区分开来。产业国际转移，早期采取产品输出型，因为贸易实质上是生产的替代。在西方国家经济发展方式发生重大转变的资本积累和资本输出时期,大多采取的是资本输出型。在转移模式上,既可以采取企业整体迁移方式,也可以采取 FDI,或者工序贸易、外包方式。①

赤松要(1935)在其《我国经济发展的综合原理》中,为说明当时日本的工业成长模式,提出了"雁行产业发展形态说"。他认为,先行国(地区)与后起国(地区)之间存在着一种梯度的产业传递和吸纳的动态过程,由此形成了先行国(地区)和后起国(地区)一定时期内的产业循环和连锁型变化机制,促进了后起国(地区)产业结构向着更高层次转换,反映了产业转移由消费资料产业向生产资料产业、轻工业向重工业、原材料工业向加工组装工业的演化,同时说明这种产业转移对发展中国家产业升级具有重要作用。

小岛清(1978)的边际产业扩张论,实际上既涉及企业的国际转移,也涉及了生产工序的国际转移,如今被新新贸易理论称之为"工序贸易"。谭(Z.A.Tan,2002)在维农的产品生命周期理论基础上,从产品系列的角度来解释产业内的国际转移现象,进一步使之动态化和系统化。他将产品分为高、中、低三个档次,并将对应的市场结构分为"直接出口"、"中间产品出口和当地组装"、"当地生产"三种。对于高档产品而言,对应的市场结构以直接出口为主,以中间产品出口和当地组装为辅;中档产品则以中间产品出口和当地组装与当地生产为主,辅之以直接出口;低档产品则以当地生产为主。随着时间的推移,新产品不断充实到高档产品系列中。与此同时,高、中档产品系列中的一部分降级并充实到中、低档产品系列中去。与上述框架相对应,就国际产业转移而言,外国直接投资者将高档产品的生产主要放在本国进行,辅之以中间产品出口和国外组装;就中档产品而言,产品在国外组装的同时生产也逐步向国外转移;低档产品的生产则完全转移至国外进行。从

---

① 安占然:《产业转移的动因与模式:研究进展与前瞻》,《兰州商学院学报》2010 年第 5 期。

价值链理论看,实际上是将价值链的低端环节外包给发展中国家,也可以理解为就是工序贸易的表现形式。

对于企业国际转移的路径选择,近年来发展起来的新新贸易理论也做了很好的回答。代表性的研究主要从如下两个层面展开:一是从企业间层面进行研究。赫尔普曼、麦莱兹、叶普乐(Yeaple,2004)等拓展了麦莱兹(2003)的模型,构建了一个多国多部门的一般均衡贸易模型,认为最有效率的企业采取 FDI 的方式进行转移,而较低效率的企业则选择出口的方式。诺克和叶普乐(Nocke & Yeaple,2006)则进一步探讨了企业是通过出口还是通过绿地投资和跨国并购的方式进行转移。而赫尔普曼等(2007)更加细致地将 FDI 分为水平 FDI 和垂直 FDI,并分析了生产率水平对企业国际转移路径选择的影响。二是将研究视角进一步深入企业内部的生产组织层面或工序层面。安特拉斯(Antras,2003)、安特拉斯和赫尔普曼(2004),及格罗斯曼(Grossman)、赫尔普曼和司泽德(Szeid,2006)等分别基于企业异质性假定,分析通过一体化或外包方式实现企业的国际转移。而鲍德温和尼库德(Nicoud,2010)继承了格罗斯曼和汉斯伯格(Hansberg,2008)的工序贸易模型,并将其引入新新贸易理论的分析框架,分别对比在产品贸易和工序贸易的不同模式下企业跨国转移的路径选择和福利分配。①

近年来将资源环境作为约束条件研究产业转移和承接的路径的文献越来越多。本书作者李宏兵、朱廷珺(2011)探讨了碳减排和能源约束下我国承接国际产业转移的路径选择。② 限于篇幅,本节不再赘述。

---

① 参见朱廷珺、李宏兵:《异质性企业国际转移理论的研究路径及新进展》,《国际经济合作》2011 年第 6 期;朱廷珺、胡安亚:《工序贸易的研究路径与进展》,《经济经纬》2010 年第 4 期;朱廷珺、王怀民、郭界秀、李宏兵:《国际贸易前沿问题》,北京大学出版社 2012 年版,第 183—233 页。

② 李宏兵、朱廷珺:《碳减排和能源约束下我国承接国际产业转移的路径选择》,《中国流通经济》2011 年第 12 期。

(三)产业转移的效应

产业转移的结果和影响,学术界一直存在着争论。联合国贸易与发展会议 1992 年发布的《世界投资报告》分篇章研究了通过直接投资方式进行产业转移的效应,认为 FDI 具有资本形成效应、技术外溢效应、就业效应、贸易效应和环境效应等。如果国际产业转移能对当地经济增长起到更为显著的推动作用,那么,这也会成为承接地承接产业转移的内在动力。实际上,对这些效应的理论研究和经验验证从未停止过。朱廷珺(2006)系统地研究了外国直接投资对东道国进出口贸易的替代效应、创造效应、结构变革效应和贸易条件效应,建立了基于C-D 生产函数的技术外溢估计模型和加工贸易福利分配模型,分析了在劳动力充裕的条件下引进外资和承接产业转移的有关问题,并及时地提出了若干需要深化研究的课题:资源约束、政策变数对 FDI 流入及其贸易效应的远期影响,跨国公司从"制造外包"到"服务外包"趋势与我国外贸结构优化,内向 FDI 与外向 FDI 互动对对外贸易的影响。[1]随后,朱廷珺、安占然(2009)系统地研究了甘肃省开放型经济发展战略,设计了开放度考察指标体系,计算了市州外贸业绩指数、外贸潜力指数以及利用外资的业绩指数和潜力指数,初步探讨了承接国内外产业转移的机理和效应,提出了若干具体政策建议。[2]

维森和斯丘简思(Leovan Wissen & Veronique Schutjens,2005)将一个地区经济受企业迁移变动的动态效应分解为:总效应 = 新成立企业 - 关张的企业 + 增长的企业 - 下滑的企业 + 迁入的企业 - 迁出的企业,对一个地区经济规模与产业迁移变动之间的动态效应进行了分析,回答了不同区域规模下产业转移的效应。

进入 20 世纪 90 年代以来,随着国际经济环境的变化,国际产业转

---

① 朱廷珺:《外国直接投资的贸易效应研究》,人民出版社 2006 年版,第 276—286 页。
② 朱廷珺、安占然:《甘肃省开放型经济发展战略研究》,甘肃人民出版社 2009 年版,第177—199 页。

移也出现了一些新的特点和发展趋势。由此,关于产业转移的研究也表现出新的研究视角,如产业转移理论的新经济地理视角(克鲁格曼,1991;维森和斯丘简思,2005)、产业转移理论的跨国公司视角(H. Gordon &Raymond J. Mataloni,2005),以及产业转移理论的价值链视角等。

对产业转移效应的研究,国内已有文献中的绝大多数主要集中在产业转移对移入区正效应的初步探讨,大致可概括为:要素转移和资源利用效应、观念更新和制度改善效应、产业关联和技术溢出效应、竞争引致和竞争力变化效应、区域产业成长和产业结构升级效应、区域分工优化和区域经济协调发展效应等(卢根鑫,1994;陈计旺,1999;聂华林,2000;陈刚、陈红儿,2001;陈建军,2002;魏后凯,2003;潘伟志,2004;吴晓军、赵海东,2004;全春,2005;赵张耀、汪斌,2005)。近期的研究逐渐涉及承接地承接国际产业转移的效率问题,文献集中在外国直接投资对中国技术进步、贸易增长、结构优化、利益分配等方面(江小涓,2002、2006;梁琦,2004)。一些命题也逐渐得到经验验证,尤其在产业转移对中国开放经济的总体影响方面确有应验(朱廷珺,2006、2009)。

近年来,国内学者采取不同方法,探索对产业转移效应的实证研究。孙浩进、陈耀(2013)借用演化经济学的思想,分析了产业转移的区域福利效应。他们认为,在经济系统中,产业只有适应市场环境,才能在经济选择中被保留下来并继续发展。产业转移是某产业对特定市场环境不同适应度的反应。在经历了转移并适应新环境后,就会产生一种反馈效应。区域福利及其效应可以从经济主体的逻辑脉络来界定,而产业转移引致区域福利效应应有着其要素需求、要素布局、要素利润三个影响因子。

杨亚平、周泳宏(2013)从成本上升因素,分析了产业转移与结构升级的效应。叶茂升、肖德(2013)基于超效率 DEA 模型,测算了我国东部、中部和西部地区纺织业技术效率,提出了产业转移的策略。王成军、刘芳、王德应(2014)运用"合芜蚌新区"资助创新综合配套改革试验区境内的外商直接投资额、专利申请数据,探索了产业转移和区域创新的乘积效应对区域经济增长的显著影响作用。

(四)小结

梳理国内外文献可以看出,西方学者研究产业转移比较集中于对国际产业转移问题的思考,而对区域间产业转移问题研究的相对较少;对区际产业转移的影响因素侧重于经济要素,而制度环境方面较少涉及;以发达国家或地区为研究对象的较多,而以欠发达国家或地区为研究对象的较少;从产业进化和产业发展的角度进行研究的较多,而从生产要素流动性差异的角度进行研究的较少。国内学者对区际产业转移的研究,大多侧重于定性描述,定量分析的较少;从宏观层面考虑的较多,而深入企业探究其微观机理的研究相对不足;从投资角度研究产业转移的具体效应的文献较多,而从承接地角度分析承接产业转移带动经济增长尤其是发展方式转变的非常鲜见;一般性原则和理论研究较多,而对西部地区各市县承接能力以及承接产业布局缺乏深入细致的研究。

三、框架安排与研究方法

(一)结构安排

根据前文分析,本书以欠发达的中国西部地区为研究对象,旨在构建产业转移和承接的动力模型,剖析其驱动因素和作用机理,借鉴欠发达地区产业承接的经验与教训,建立产业承接效率评判的理论模型和指标体系,提出在东部产业升级、西部大开发战略步伐加快的背景下,西部地区承接国内外产业转移的条件和基础、空间布局及政策思路等。本书要回答的主要问题可以概括为:动力机制、效率与能力、空间布局、政策取向。

　　基于研究目的,本书沿着"相关文献回顾—理论框架构建—现实问题描述—实证检验—对策建议"的技术路径进行研究,具体结构安排如下:

　　导论部分,提出需要研究的问题,在回顾理论演进的基础上,提出本书主要研究任务、方法、技术路线和框架安排。

　　第一章从微观、中观和宏观三个层面探讨产业转移的动力机制,回答"为什么要转移"、"向何处转移"、"为什么要承接"、"什么因素影响承接"等基本理论问题;在探讨引力因素和制约因素的基础上,构建产业转移与承接耦合的"推拉模型",从而深入分析产业转移方与承接方基于利益进行选择的内在动力,为西部地区承接国内外产业转移奠定理论基础。

　　第二章基于数据分析西部地区承接国内外产业转移的特点和存在的问题,分解西部地区承接产业转移的推力和拉力,为以下各章节的理论与实证分析奠定现实基础。

　　第三章研究承接产业的效率评价问题。主要工作是:构建欠发达地区承接产业转移效率评判指标体系,运用因子分析法,对我国东部和西部地区承接国际产业转移的效率进行实证分析和比较,以发现两个地区在承接方面存在的问题及效率差距,从而为西部地区正确处理承接产业转移和环境保护之间的关系、提高承接产业转移的效率提供理论依据。

　　第四章是西部地区承接产业转移的重点行业选择。首先,在对产业承接力进行理论剖析的基础之上,设计西部地区产业承接力评价指标体系,并对西部各省区市进行综合评价;其次,使用产业梯度系数分析西部地区的优势产业;再次,通过整理各种区域发展规划、产业发展规划等资料得到西部地区产业发展规划要求;最后,在充分分析西部地区产业承接力、优势产业和产业发展规划的基础上,结合国内外产业转移的趋势确定西部地区的重点承接行业。

第五章为西部地区承接产业转移的重点地区选择。在回答产业转移和承接的地域空间布局时,既要贯彻落实国家宏观经济格局调整的要求,又要尊重产业转移企业和承接地企业区位再选择。在进行原始数据的标准化处理后,按照西部地区承接产业转移能力综合指数计算公式和各指标权重,计算各地承接产业转移能力的综合指数,并将其值划分为五个区间,通过对各地得分值的可视化处理(分省区市绘制彩图),选择综合指数最大的区间县(区)作为西部各省(区市)承接国内外产业转移的重点地区。

第六章为承接产业转移的对策建议。从宏观、中观和微观三个层面、对内与对外两个视角,回答如何从研判企业空间布局动机、转移类型等方面设计产业承接机制、理清转移机制,如何关注产业转移动向来创新承接模式,如何审视约束性条件来准确评估承接能力,如何理解国家有关政策来增强区位引力,如何利用"一带一路"的战略平台探寻"请进来"(承接)和"走出去"(转移)的战略途径。

第七章为主要结论与未来研究的方向。在总结本书研究结论的基础上,提出未来深化研究的几个问题。

(二)研究方法与工具

在理论和政策研究上,综合运用宏观、中观、微观相结合的分析方法,探索产业转移与承接的动力机制、效率和空间布局。在微观层面上,基于异质企业贸易模型(HFT)与新经济地理学模型(NEG),借鉴鲍德温和奥库博(2005、2006、2009 和 2011)等一系列国际前沿代表性成果,分别从劳动力异质性、生产率异质性、研发效率异质性和消费偏好异质性视角分析企业生产和技术转移的微观机理;在中观层面上,从产业移出地和移入地不同视角对比分析产业转移和承接的动力机制,进而将其耦合以构建产业转移和承接的"推拉"模型;从国家经济发展战略演变的宏观视角,提出西部地区对接若干战略、充分利用各种优惠政策、夯实承接产业转移的物质基础和制度基础的政策建议。

　　在指标体系构建和实证分析上,运用多因素分析法,建立欠发达地区承接产业转移的效率评判指标体系;基于因子分析法构建产业吸引力、产业承接力和产业发展力的综合评价模型,计算得到相应的综合指数;使用产业梯度系数(IGC)计算得到各地区的优势产业;根据变异系数法确定西部地区承接产业转移能力的各项指标权重;对原始数据进行标准化处理后,计算各地承接产业转移能力的综合指数;同时,以国家基础地理信息中心全国1∶400万数据地图为底图,借助 ArcGIS 9.3分析软件,对各县区得分值进行可视化处理,以作为选择产业承接重点地区的参考。

第一章 产业转移与承接的动力机制

"机制"一词最早来源于希腊,意指机器制动的原理及机器内部各部件互为因果或相互作用的关系,并通过机器的运转实现一定的功能。所谓动力机制,究其根本是多种因素的互动机理,它所体现的是动力系统中各种因素互相作用的规律。本章所定义的动力机制,即经济学意义上的,影响产业转移和承接的各种动力因素之间的相互作用及其传导过程。

第一节 产业转移的微观动力:异质性企业视角下的空间选择

自马歇尔(Marshall,1890)关注工业集聚现象以来,大量经济地理学家对于产业转移和空间布局问题进行了艰难而又富有成效的探讨。尤其是以克鲁格曼为代表的新经济地理学家融合贸易模式与区位经济提出的新经济地理模型,将国际贸易与经济地理这两个此前相对独立的研究领域结合在一起,为该问题的研究提供了一个富有操作性的框架。[①] 遵循此脉络,鲍德温等人抓住新新贸易理论的发展契机,将企业异质性假定引入新经济地理框架,使得我们从微观企业视角窥探产业转移的理论机理成为可能。

---

① 来源于2008年10月13日,瑞典皇家科学院将该年度诺贝尔经济学奖颁发给美国经济学家保罗·克鲁格曼时的公告。

作为产业转移的微观载体,企业的空间转移活动在异质性企业贸易理论诞生以前,并未引起学界的足够重视。而企业异质性假定的提出,则将看似独立的生产率进步与企业转移联系起来,从微观企业视角分析了产业转移的动力机制。尤其是鲍德温和奥库博(2005、2006、2009 和 2011)等一系列代表性的研究,全面阐释了企业转移与生产率进步之间的空间选择机制,为进一步探讨产业转移的微观动力机制提供了新的思路。为此,接下来我们将分别从劳动力异质性、生产率异质性、研发效率异质性和消费偏好异质性视角分析企业生产和技术转移的微观机理。

一、劳动力异质性视角下企业贸易成本的驱动

在关于劳动力流动与企业区位选择的研究中,克鲁格曼(1991)提出的经典中心—外围模型(Core-Periphery Model,CP 模型)经常被学者们提及。该模型考虑了一个包含农业和制造业的两部门经济,假定农业部门生产单一的同质产品,是完全竞争的,而制造业部门生产大量差异化的产品,具有规模收益递增的特征;两部门生产中仅投入一种要素,即劳动力,并假定劳动力要素在农业部门不可流动,而制造业工人可以自由流动;在此过程中,农产品无运输成本,而制造业产品则存在"冰山运输成本"。当然也正是制造业劳动力自由流动产生的前后向关联的循环累积因果效应,成为推动企业转移的基本向心力,而农业劳动力的非流动性则成为企业转移的基本离心力,在二者共同作用下,企业转移活动最终达到均衡。但两力的均衡必须考虑贸易成本,当面临较高的贸易成本时企业会选择趋近于消费市场,而当贸易成本较低时企业则会分散定位以回应地区工资差异。

而对于其中的影响机理,新经济地理学家们将其归结为两点:一是需求关联的循环累积因果效应。即企业是追逐消费市场的,具有市场接近效应,那么劳动力的流动将导致消费支出的转移,消费支出的转移

导致企业生产活动的转移,而生产活动的转移又反过来刺激劳动力的转移。无论是根据历史还是现实我们均可以得到相应的证据。从历史来看,中国的经济活动重心之所以在唐宋时期由中原地区的黄河流域转向南方的长江流域,一个不可忽视的因素便是中原地区多年战乱所导致的大量人口南迁,并伴随着相应手工业的向南转移;而结合南方便利的水路交通和相对稳定的政治经济环境,消费市场也迅速成长并形成规模,从而加剧了北方劳动力的南迁。从现实来看更是如此,中西部地区大量劳动力向东南沿海集聚,所导致的人才流失在带来沿海省份出口加工型贸易和外向型经济繁荣的同时,也给内陆地区企业成长和经济发展增添了困难。与此同时,大量劳动力的转移,除了给移入地带来人口红利外,还刺激了当地消费市场的繁荣,从而通过连锁反应进一步吸引企业转移。二是成本关联的循环累积因果效应。即劳动力转移将会导致企业生产活动的转移,并在某种程度上降低价格指数,而价格指数的降低将会减少生活成本并进一步刺激劳动力转移。根据这种逻辑企业将会逐步由经济外围地区向中心区域转移,从而形成中心—外围的经济发展格局。

当考虑劳动力异质性,即同时存在高技能劳动力和低技能劳动力时,人力资本和工资差异便成为影响贸易成本和企业转移的重要因素,这也拓展了传统 CP 模型的研究。在异质性劳动的分析框架中,高技能劳动力具有更强烈的追逐高工资的意愿,那么在区域工资差异明显的背景下,高技能劳动力将会率先转移,在贸易成本较低的情况下,相关产业将会在移入地形成集聚;而当贸易成本足够低时,低技能劳动力也会产生集聚的向心力。

正如马歇尔所言,"劳动力池"(Labor-Market-Pooling)效应的存在有利于增加集聚力,从而抵消贸易成本与匹配问题带来的负效应。为此,根据高技能与低技能劳动力的效用差异,劳动力市场中异质性劳动力的同时流动对企业转移和产业布局的影响将呈现阶段性的特征。

在第一阶段,由于异质性劳动力追求区域工资差异所导致的效用最大化,所以异质劳动力出现了同向流动,又会导致区域工资水平差异进一步扩大,这样的话,产业的分布主要集中于劳动力流入的区域,劳动力的需求效应和产品的品种效应都将显现。在第二阶段,随着聚集效应的逐步降低和拥挤效应的逐步显现,高技能劳动力在两区域的效用水平达到了相对平衡状态,进而导致高技能劳动力的相对静止状态,而低技能劳动力由于工资差异导致的效用水平的差异继续流向工资水平高的区域。第三阶段,随着低技能劳动力的流入,环境负效应大于环境正效应,导致高技能劳动力开始撤出此区域向另一个区域转移,出现了异质劳动力的异向流动。第四阶段,随着低技能劳动力的流入使得两区域低技能劳动力的边际生产率趋于平衡,而高技能劳动力的向外转移也使得生产外部性和集聚效应减弱,进而引发产业对其相应劳动力的需求降低,使得低技能劳动力的流入处于相对静止状态,而高技能劳动力为追求整体效应的最大化仍然向另一区域迁移。第五阶段,由于两区域异质劳动力的异向流动,使得异质劳动力的流动重新达到了一个新的均衡阶段,产业区域分布呈现分散状态。

基于这一视角,可以解释改革开放初期西部地区人才流失严重,高技术劳动力相对匮乏,当前人才、产业回流的现象。因此,对西部而言,应"先筑巢,后引凤",即改善产业承接环境,降低贸易成本,通过高技术企业的引进来留住人才,形成企业承接—人才流动—产业集聚的思路,实现产业承接与留住人才并重的发展模式。

二、生产率异质性视角下企业自我选择效应的驱动

学者们关于异质性企业空间转移的研究,大多认为生产率的异质性是驱使企业转移的关键因素。高生产率的企业与低生产率的企业相比更容易受到较大的集聚力和较小的分散力的约束,所以生产率最高的企业会优先发生转移。对此结论的解释,伯纳德(Bernard,2007)认

为出口企业事前的生产率优势表明了自我选择效应（Self-selection Effect）的存在：出口企业更具生产率不是出口的结果，而是因为较高生产率的企业才能够支付得起进入出口市场的成本。因此，企业通过自我选择效应做出利益最大化的区位选择，能更为全面地发挥企业的生产率优势。而之所以存在自我选择效应的关键因素是，企业进入出口市场必然首先面临固定的出口成本，为此只有那些生产率水平较高的企业才能在支付出口固定成本之后仍能获取利润。出口固定成本包括进入出口市场的运输成本、信息搜寻成本，以及建立新的分销网络、市场营销、重新包装和产品质量改进等成本。

正是上述出口固定成本的存在使得并非所有的企业都能进入国际市场，参与国际转移，而是依据生产率的排序效应（Sorting Effect）进行自我选择的结果。我们进一步的研究也发现，不同国家（发达国家和发展中国家）企业边际成本的差异，导致了其生产率的异质性，并进一步引致了企业的国际转移。在两国具有对称性的假定下，企业转移具有双向性，即边际生产成本的差异会使发达国家企业产生向发展中国家转移的动力，而同时发展中国家中具有最高效率的企业也会优先向发达国家转移。

对此，接下来基于异质企业贸易模型（Heterogeneous-firms Tade Models，简称 HFT）与新经济地理学模型（New Economic Geography，简称 NEG）展开分析，并以麦莱兹（2003）、麦莱兹和奥塔威亚诺（Ottaviano，2003）的一般假设为基础，顺延鲍德温和奥库博（2006a、2006b、2009、2011）的相关假定，在引入冰山贸易成本的前提下构建理论模型。首先，假定模型是两国（发达国家和发展中国家）、两部门（制造业部门 M 和农业部门 A）、两种要素（劳动 L 和资本 K）的 $2 \times 2 \times 2$ 模型，同时假定居于中心地区的发达国家拥有较大的市场规模和要素丰裕度，处于外围地区的发展中国家拥有较小的市场规模和要素丰裕度。同时，为了对比分析，继续沿用鲍德温和奥库博（2006a）的假设，即假定制造品是异质的,而农产品是同质的,且可以无成本地自由流动。

其次,沿用新经济地理学存在规模收益递增的迪克西特—斯蒂格利茨(Dixit-Stiglitz)垄断竞争模型,并将冰山贸易成本纳入分析框架,即认为商品从一国运往另一国会存在运输耗损,只有起运大于 1 单位的商品,才能运达 1 单位的商品。假定企业生产率存在异质性,用边际生产成本 a 衡量,并尝试考虑企业转移进入新市场的沉没成本和滩头成本,即一次性的前期固定投入成本和市场门槛的进入成本。

再者,假定不管是发达国家还是发展中国家,每个消费者的偏好都是准线性的,那么其线性效用函数可表示为:

$$U = \mu \ln C_M + C_A \, , \, C_M \equiv \left(\int_{i \in \Theta} c_i^{1-1/\sigma} \mathrm{d}i \right)^{1/(1-1/\sigma)} , \, 0 < \mu < 1 < \sigma$$

$$(1-1)$$

其中,C_M 和 C_A 分别表示消费的制造业部门和农业部门不同产品的集合。σ 为任意两制造业部门 M 的不变替代弹性系数,μ 是制造品拥有的消费份额,Θ 为一系列异质产品的集合。在这里,假定 $\Omega = 1 - 1/\sigma$ ($0 < \Omega < 1$)表示时间贴现率。

继续利用边际生产成本 a 来衡量企业的异质性,那么企业 i 的边际生产成本即为 a_i。由于每个国家的劳动力和资本禀赋是固定的,为了便于分析,假设每个国家不同企业的 a_i 均服从帕累托分布,其分布函数为:

$$G[a] = (a/a_0)^{\rho} \qquad (1-2)$$

其中,ρ 为外部参数,a_0 为规模参数,这里选取单位成本,即 $a_0 = 1$。同时,与麦莱兹(2003)不同的是,这里暂不考虑滩头市场进入成本(Beachhead Market-entry Costs),那么只要两国的贸易成本一定,所有企业的产品就可以在两个市场上自由销售。

在此基础上,进一步假定企业最终会走向"死亡",且这个过程服从泊松分布。同时认为,企业转移受二次转移成本的影响,即有如下等式：

$$\chi = \gamma m \qquad (1-3)$$

其中 χ 为企业到其他区域的转移成本，且受企业流动转移的影响。m 代表每一边际成本水平下的企业数量，γ 则代表企业"死亡"的危险率。同时，等式（1-3）也表示在稳定状态下，所有异质企业区间转移都停止时，外围地区（发展中国家）企业的转移成本为零。

首先来看农业部门 A，在收益不变、完全竞争和零贸易成本的市场环境下，两国的名义工资率趋于相同。而这对于制造业部门 M 来说则截然不同，在规模报酬递增的不完全竞争市场中，企业是异质的，且决定了其边际成本的大小。因此，将迪克西特—斯蒂格利茨的垄断竞争模型引入到一个典型市场的典型制造业企业中，利用效用最大化的 CES 需求函数，可得到典型发展中国家企业的收益函数：

$$\pi^*[a] = \left(\frac{a}{1-1/\sigma}\right)^{1-\sigma}\left(\frac{\phi S_E}{\int_{i\in\Theta}p_i^{1-\sigma}\mathrm{d}i} + \frac{1-S_E}{\int_{i\in\Theta}p_i^{*\,1-\sigma}\mathrm{d}i}\right)\frac{E^w}{\sigma};$$

$$S_E \equiv \frac{E}{E^w}, \phi \equiv \tau^{1-\sigma} \qquad (1-4)$$

这里 E^w 是指全世界用于消费 M 部门产品的总支出；相应地，S_E 是指发达国家用于消费该产品的支出份额；ϕ 衡量贸易成本，且 $0 \leqslant \phi \leqslant 1$，当 $\phi = 0$ 时，贸易成本趋近于无穷大，而当 $\phi = 1$ 时，贸易成本趋近于零。τ 表示冰山贸易成本，且 $\tau \geqslant 1$ 代表了存在冰山贸易成本。p 和 p^* 分别表示发达国家和发展中国家消费者的消费价格，Θ 代表了在两国销售的产品种类的集合。

假定使用厂价（Mill Pricing），并取消时间贴现率 ϱ，那么由等式（1-4）可得到发达国家和发展中国家的企业在边际成本为 a 时的利润收入分别为：

$$\text{发达国家：} \pi[a] = a^{1-\sigma}\left(\frac{S_E}{\Delta} + \frac{\phi(1-S_E)}{\Delta^*}\right)\frac{E^w}{K^w\sigma} \qquad (1-5)$$

发展中国家：$\pi^*[a] = a^{1-\sigma}\left(\dfrac{\phi S_E}{\Delta} + \dfrac{(1-S_E)}{\Delta^*}\right)\dfrac{E^w}{K^w \sigma}$　　　　(1-6)

这里，K^w 表示全世界的资本禀赋，也是世界上所生产的所有产品种类的总量；而等式(1-5)和等式(1-6)的分母 Δ 和 Δ^* 分别由下式给出：

$$\Delta = \lambda[s_n + \phi(1-s_n)]\ ,\ \Delta^* = \lambda(\phi s_n + 1 - s_n)\ ,\ \lambda \equiv \dfrac{\rho}{1-\sigma+\rho} > 0$$
(1-7)

此时，s_n 表示发达国家的企业数量占世界的份额，分母 Δ 和 Δ^* 衡量了市场的竞争程度。

接下来，将等式(1-5)与等式(1-6)相减得出两国利润收入的差异：

$$\pi[a] - \pi^*[a] = a^{1-\sigma}\left(\left(\dfrac{s_E}{\Delta} - \dfrac{1-s_E}{\Delta^*}\right)(1-\phi)\right)\dfrac{E^w}{\sigma K^w}\quad (1-8)$$

在式(1-8)中，由于 $0 \leqslant \emptyset \leqslant 1$，那么 Δ、Δ^* 和 S_E 的取值将会影响等式的符号，从而影响企业转移活动的进行。发达国家用于消费该产品的支出份额 S_E 等于发达国家企业数量所占份额 s_n，那么在世界上只有两个国家的假定下，二者的份额具有对称性。在此，与鲍德温和奥库博（2006a、2006b、2009）不同的是，本书考虑企业转移的双向性，即企业也存在由发达国家转移到发展中国家的可能性。若 $S_E > 1/2$，由式(1-7)可得等式(1-8)大于零，则企业由发展中国家转移到发达国家是有利可图的，反之，若 $S_E < 1/2$，则可能会发生反向转移。

如图1-1所示，发达国家和发展中国家市场中的生产企业均分为国内型（D 型）和出口型（X 型），D 型企业生产的产品主要供国内消费，不存在产品的出口或相关的企业转移活动；而 X 型企业生产的产品则主要供国外消费，存在产品出口、FDI、外包等企业的国际转移活动。$nG[a]$ 和 $n^*G[a]$ 分别表示发达国家和发展中国家的企业平均生产率的分布函数，a_X 和 a_D 分别代表发达国家国内企业发生转移的边际成本和不发生转移的边际成本，$a_X{}^*$ 和 $a_D{}^*$ 则分别代表发展中国家企业转移时和不转移时的边际成本。由于假定发达国家的资源禀赋状况更好，所以发达国家可供转移的区域更大（$a_X > a_X{}^*$），但 $a_D{}^* > a_D$，故在区域 $a_D a^*$ 间在发达国家生产边际成本过高是无利可图的，而在发展中国家生产则有利可图，因此发达国家企业有转移到发展中国家的动力。

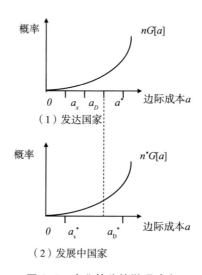

图1-1 产业转移的微观动力

在此基础上，继续引入企业转移的边际价值 ν，并使得

$$\nu[a, a_R] \equiv \pi[a, a_R] - \pi^*[a, a_R] \qquad (1-9)$$

其中，a_R 表示企业发生转移的边际成本的门槛水平，$[a, a_R]$ 度量的是企业发生转移的边际成本的范围。根据等式（1-5）和等式（1-6）可知，等式（1-9）可由等式（1-10）确定：

$$\pi[a, a_R] = a^{1-\sigma}\left(\frac{s_E}{\Delta[a_R]} + \phi \frac{1-s_E}{\Delta^*[a_R]}\right)\frac{E^w}{\sigma}\pi^*[a, a_R]$$

$$= a^{1-\sigma}\left(\phi \frac{s_E}{\Delta[a_R]} + \frac{1-s_E}{\Delta^*[a_R]}\right)\frac{E^w}{\sigma} \qquad (1-10)$$

进一步,我们将研究视角从企业转移的利益分析转向对转移成本的分析,通过对转移成本的考察,来分析企业由发展中国家向发达国家转移的动力因素。由于两国市场的差异,发展中国家企业的资产 K^* 转移到发达国家市场变为 $K^* a_R{}^\rho$,那么由此可得转移企业的数量为 $m = K^* \rho a_R{}^{\rho-1} \bar{a}_R$,其中 $\bar{a}_R$ 是 a_R 随时间动态变化值。因此,将此式带入等式(1-3),可得企业的转移成本为:

$$\chi = \gamma K^* \rho a_R{}^{\rho-1} \bar{a}_R \qquad (1-11)$$

由于只有当转移的边际价值 $\nu[a_R]$ 与转移成本 χ 相等时,企业转移活动才会达到长期稳定状态。于是,综合等式(1-9)和等式(1-11)可得,企业转移的边际价值 $\nu[a_R]$ 的函数为:

$$\nu[a_R] = \gamma K^* \rho a_R{}^{\rho-1} \bar{a}_R \qquad (1-12)$$

在该式中,由于企业转移的边际价值是转移的边际成本 a_R 的减函数,所以企业转移的边际价值随着转移的边际成本的提高而降低,从而逐渐使企业停止转移活动。由于具有最高效率的企业通常拥有较低的边际生产成本和转移成本,也就会优先向发达国家转移。我们可以得出在均衡状态下存在转移的临界点(假定为 a'_R 点),在该点之前企业转移是有利可图的,因为转移后所得收益大于或等于转移的边际成本;在该点之后则不会发生企业转移活动,因为转移的收益小于边际成本;而在该点处两国的企业转移活动则会达到均衡状态。由此可见,发达国家与发展中国家之间企业生产率异质性驱动了企业的国际转移,且这种转移具有双向性。

基于上述分析,基本可以断定以生产率异质性为依据的自我选择效应的存在是驱动企业国际转移的重要因素;具有较高生产率的企业在利益驱使下会主动进入产业多样化和市场规模庞大的市场,而生产率较低的企业由于无法跨越出口成本的门槛则不会发生国际转移。进一步分析认为,在一定的生产率水平下不仅发达国家的企业可以向发展中国家转移,而发展中国家中具有最高效率的企业也具有向发达国家转移的动力,即两国企业会发生双向转移。

三、研发效率异质性视角下企业双向外包决策的驱动

随着经济全球化、技术进步和价值链的提升,企业的研发活动日益外部化。尤其是 20 世纪 90 年代以来,产品内分工的深化、生产工序可分离性的增强进一步加速了高技术工序外包(High-skilled Tasks Offshoring)的兴起。在此背景下,以研发外包为特征的企业间知识密集型服务贸易,正日渐成为现今持续增长的技术转移的新渠道(Lai 等,2009)。与以出口和 FDI 等形式为主的企业生产转移不同的是,企业的技术转移不仅体现了移出方对承接方更为复杂的选择性和技术的排他性,也反映出以研发外包为主要形式的转移的多因性。

对于研发外包的动因,学者们研究认为,由于技术和知识市场的不完全程度很高,从而在很大程度上限制了其交易的展开,而企业边界的存在则限制了企业的研发效率(Adams & Marcu,2004)。因此,企业通过研发外包的形式从外部获取知识并加以吸收和利用,作为企业竞争资源的补充,一方面可以填补企业技术知识和技术机会的空白,带动整个产业链提升(Quadros 等,2007);另一方面,可以加快新产品开发速度,降低成本,缩短新产品生命周期(Kogut & Zander,1992;Balachandra & Friar,1997、1999;Balachamdra,2007;Quadros 等,2007)。同时,企业以契约方式从外部获取技术而非内部研发,还可以激励相关各方做出更大的研发努力(Arora & Merges,2004;Puga & Trefler,2002),并提升企业的创新效率。费方械等(2009)在考察企业研发外包成本治理机制的视角下,从交易成本的角度阐述了企业进行研发外包的动因。他们认为,企业研发外包的决策在很大程度上类似于生产外包过程中的自制和外购的决策,而研发外包的成本作为一个整体而言是其独具的:企业研发外包的成本既不完全等同于主流微观经济学中由信息不对称问题所引起的委托代理成本,也与生产外包中的委托代理成本不尽相

同,其独有的成本特征可概括为创新关联特征下的合同的不完全性、知识的非独占性以及累积技术创新的不完全替代性。因此,基于对上述研发外包各类成本的考察,企业就可以选择是否进行研发外包。

在上述基础上,噶西亚·维嘉和胡尔古(García-Vega & Huergo,2011)在引入新新贸易理论的企业异质性假定的基础上,进一步将研发外包分为国内和国外研发外包。结果表明,由于企业异质性的存在,对于出口企业,其内部生产力较强,因而对国外技术的吸收能力更好,选择国外研发外包对生产效率的促进作用明显大于只在国内外包;而对于非出口企业,则主要从国内研发外包获得创新收益。

尽管如此,研发外包并没有替代企业的内部研发,两种现象是并存的,企业的研发决策体现出一种双向外包(Bi-sourcing)的特征。对此的界定最早始于杜(Du)等人(2005、2006、2009)的研究,国内学者费方域等(2009)跟踪了上述研究,认为其主要是指针对一项投入品的生产,外包与内部生产同时并存的生产组织形式。本书将其引入企业研发决策的分析,并将双向研发外包(R&D Bi-sourcing)界定为针对企业的一项研发活动,研发外包与企业内部研发并存的研发组织形式。在此基础上,我们继续将研发外包划分为国内研发外包、国际研发外包和双向外包三种形式,以便更为细致地探讨企业技术转移的微观机理。

在此将模型在安特拉斯和赫尔普曼(2004)及赫尔普曼等(2004)的异质性企业垄断竞争模型以及噶西亚·维嘉和胡尔古(2011)模型的基础上进行拓展。首先假定,一个产业内存在 M 个活动的企业,且经济体中存在两个部门:一个进行标准化产品的生产,而另一个进行多样化产品的生产。那么,代表性消费者的偏好可由如下的效用函数给出:

$$U = x_0 + \frac{1}{\mu} \sum X^{\mu}, 0 < \mu < 1 \qquad (1-13)$$

其中,x_0 为同质产品的消费量,X 为异质产品的消费指数,μ 为参

数。异质产品的总消费为 CES 函数,即:

$$X = (\int_0^M x_i^a di)^{1/a} , 0 < a < 1 \qquad (1-14)$$

其中,x_i 代表消费者对异质产品 i 的消费量。各种异质产品间的替代弹性为 $\sigma = 1/(1-\alpha)$。对各种异质产品的总需求为:

$$y(p_i) = \frac{p_i^{1/(a-1)}}{P} E \qquad (1-15)$$

其中,E 为总支出或市场规模,p_i 为产品价格,P 为加权总价格指数。

与 Melitz(2003)一致,假定企业是异质的,各企业的生产率水平不同(以 ϕ 表示,且 $\phi > 1$),且传统要素投入(劳动、物质资本、原材料……)与代表吸收能力的内部研发资源也不同。我们认为企业的效率服从帕累托分布,生产率越高的企业,其边际成本越低。

企业根据自身生产率水平,对其研发活动的组织形式进行选择,即企业可以选择在国内或国外进行研发外包,也可以选择进行自主研发,还可以选择内部与外部相结合的双向研发外包。在研发外包的决策中,生产率较高的企业对技术的吸收能力要明显强于生产率较低的企业,其会选择在国外进行研发外包(Garcia-Vegaand Huergo,2011a)。若假定单位产出的生产成本为 $1/(\phi C_\kappa)$,其中 $C_\kappa > 1$($k = D, F, B$),且常数 C_i 分别代表当企业选择国内研发外包($k = D$)、国际研发外包($k = F$)以及双向研发外包($k = B$)时,生产率增加的倍数,那么此时则有 $C_F > C_D$。然而,当一项技术的核心度高,并集中于企业独特的技术能力上时,企业则会采取内部化,进行自主研发(Narula,1999);一旦成功,其成果对企业生产率的提高势必大于研发外包。因此,在企业选择双向研发外包的情况下,它会将核心技术进行内部研发,同时将成熟的非核心技术进行研发外包。此时,企业同时从内部和外部获得知识,技术存量最大,吸收能力最强,其生产率增长的倍数也最大。由此可得:

$$C_B > C_F > C_D \qquad (1-16)$$

通过上述分析,基本可以断定:企业生产率和技术吸收能力的差异,引致了企业研发效率的异质性,并促使企业作出是否进行研发外包的决策。

当然,由于企业的各种研发组织形式拥有不同的固定组织成本,在进一步研究时,有必要进行界定。首先,假定企业在研发外包过程中,要求与外包机构密切合作。与国内研发外包相比,国际研发外包将要求更频繁的国际交流与合作以及更高的交易成本(Garcia-vega 和 Huergo,2011a),即 $F_F > F_D$。同时,由于企业自主研发的固定组织成本高于研发外包(Antras 和 Helpman,2004),可以认为因双向研发外包(以 F_B 表示)包含了内部研发与外包,所以这种组织形式具有最高的固定组织成本(Du 等,2009)。于是可得:

$$F_B > F_F > F_D \qquad (1-17)$$

这样,就可以得到企业在不同研发组织形式下的利润函数:

$$\pi(\phi, c_k) = py(p) - \frac{y(p)}{\phi c_k} - F_k, k = B, F, D \qquad (1-18)$$

等式右边的第一项表示企业的收益,第二项为可变成本,第三项为固定成本。标准定价规则为 $p(\phi, C_k) = 1/(\alpha \phi C_k)$。令 $\Pi(\phi, C_k)$ 为在满足标准定价规则且生产率为 ϕ 的前提下,企业选择 k 型研发组织形式的最大化利润,可得:

$$\Pi(\phi, c_k) = p(\phi, c_k) y(\phi, c_k) - \frac{y(\phi, c_k)}{\phi c_k} - F_k$$

$$= \frac{(1-\alpha)(\alpha \phi c_k)^\rho E}{P} - F_k, k = B, F, D \qquad (1-19)$$

其中,$\rho = \alpha/(1-\alpha) > 0$。

现在证明存在两个特定的生产率水平 ϕ_F 和 ϕ_B,分别表示是否进行国外研发外包和双向研发外包的门槛,且满足 $\Pi(\phi_F, C_D) = \Pi(\phi_F,$

C_F),$\Pi(\phi_B,C_F)=\Pi(\phi_B,C_B)$。

第一,当存在 ϕ_F,使得 $\Pi(\phi_F,C_D)=\Pi(\phi_F,C_F)$,有:

$$\frac{(1-\alpha)(\alpha\phi_F c_D)^\rho E}{P}-F_D=\frac{(1-\alpha)(\alpha\phi_F c_F)^\rho E}{P}-F_F$$

$$F_F-F_D=\frac{E(1-\alpha)(\alpha\phi_F)^\rho(c_F^\rho-c_D^\rho)}{P} \qquad (1-20)$$

第二,当存在 ϕ_B,使得 $\Pi(\phi_B,C_F)=\Pi(\phi_B,C_B)$,有:

$$\frac{(1-\alpha)(\alpha\phi_B c_F)^\rho E}{P}-F_F=\frac{(1-\alpha)(\alpha\phi_B c_B)^\rho E}{P}-F_B$$

$$F_B-F_F=\frac{E(1-\alpha)(\alpha\phi_B)^\rho(c_B^\rho-c_F^\rho)}{P} \qquad (1-21)$$

将等式(1-21)与等式(1-20)相除,可以得到:

$$\phi_F^\rho=\frac{(c_B^\rho-c_F^\rho)(F_F-F_D)}{(c_F^\rho-c_D^\rho)(F_B-F_F)}\phi_B^\rho \qquad (1-22)$$

等式(1-22)表明,对于任意的 ϕ_F,都存在一个特定的 ϕ_B。当企业进行双向研发外包而使得相对组织成本高于相对生产率的增长时,即 $\dfrac{c_B^\rho-c_F^\rho}{c_F^\rho-c_D^\rho}<\dfrac{F_B-F_F}{F_F-F_D}$,就会出现企业进行自主研发与国际研发外包的组织形式($\phi_B>\phi_F$)的区间。注意到若 $C_B\leqslant C_F$ 且 $F_B>F_F$,企业就没有激励进行内部研发,此时企业将只进行研发外包。

进一步分析显示,在满足前提假设的条件下,将存在两个独特的效率门槛 ϕ_F 和 ϕ_B。第一个门槛表示在这样的生产率水平(ϕ_F)下,企业可以选择进行国际研发外包的组织形式,第二个门槛则表示企业可以同时进行内部研发和研发外包的生产率水平(ϕ_B)。若企业的生产率为 $\phi\geqslant\phi_B$,企业将更愿意进行双向研发外包;若 $\phi_F\leqslant\phi<\phi_B$,则企业只进行国际研发外包;最后,当 $\phi<\phi_F$ 时,企业将只会在国内进行研发外包(见图1-2)。由此可以认为,生产率和技术吸收能力的异质性驱动

了企业的研发外包行为,并决定了企业不同的研发决策,即只有生产率高和吸收能力强的企业会进行双向研发外包,其次会选择国际研发外包,生产率较低和吸收能力较差的企业只会选择国内研发外包。

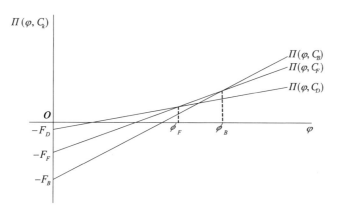

图 1-2 企业研发外包的动力机制

上述研究表明,在研发工序分离和技术全球化背景下,日渐繁荣的企业技术转移活动,已然成为学者们研究产业转移微观机理时新的关注对象。而作为技术转移的重要渠道,企业的研发外包尤其是异质性假定和双向外包的引入,为我们研究该问题提供了一个崭新的视角。研究发现,以生产率和技术吸收能力衡量的研发效率的异质性是驱动企业做出研发外包决策的重要因素,且只有生产率高和吸收能力强的企业才会选择双向研发外包,而生产率较低和吸收能力较差的企业则会依次选择国际研发外包和国内研发外包。

四、消费偏好异质性视角下企业空间布局的驱动

新经济地理学家从产品差异化、消费偏好异质性和规模报酬递增的视角解释了区域产业集聚的动因,认为正是多样化的消费偏好才使得企业产生了由一个市场转向另一个市场的欲望,而满足不同市场需求的能力即企业的研发能力和生产率水平则是决定企业能否顺利转移

的重要因素。然而，标准的新经济地理学理论同样采用的是典型化的企业，不考虑企业间差异以及由此带来的贸易结构和贸易量的差异，总是假定地区间在偏好、技术、开放度以及初始的要素禀赋方面都是对称的。这显然无法说明，自然禀赋相同或接近的地区为什么会有完全不同的生产结构，甚至有的变成"中心"，有的则成为"外围"。以广东和广西为例，这两个省区的纯自然条件非常相近，但是在改革开放以来的三十多年里，广东已经成了非常重要的产业集聚中心，广西却仍然是经济比较落后的自治区，两者的差异显然不是自然条件可以解释的，而新经济地理学关于偶然事件对产业区位的影响的观点，也无法给出令人信服的解释。新新经济地理学强调企业与消费者偏好的异质性是区位选择效应和空间排列效应存在的重要原因，以及空间经济集聚与扩散的微观经济因素，则为产业集聚和企业转移提供了新的分析思路。

自克鲁格曼在其1991年的经典文献中提出研究空间问题的新经济地理学模型以来，国际贸易理论与经济地理学几经融合，逐渐形成了以新贸易理论与新经济地理学为代表的空间经济学（The Spatial Economy）和以新新贸易理论与新经济地理学为代表的新新经济地理学（New New Economic Geography）。如果说前者构成了克鲁格曼2008年诺贝尔经济学奖重要的获奖理由，那么后者的出现则刚好成就了新经济地理学的两个"黄金十年"（Ottaviano，2011）。

在后克鲁格曼的新经济地理时代，以新新经济地理学的提出为标志，贸易与经济地理的研究进入了一个加速融合的时期。对此做出重要贡献的是奥塔威亚诺（2011）和崴纳保尔（Venable，2011），相关研究者还包括纳海维和奥塔威亚诺（Naghavi & Ottaviano，2009）及鲍德温和奥库博（2011）等。奥塔威亚诺在其2011年的文献中首次提出了"'新'新经济地理学"的概念，并将其描述为引入新新贸易理论的企业异质性假定后，在规模经济和垄断竞争基础上研究个人和企业的个体异质性如何影响其一般性的空间行为选择。同时，为彰显异质性企业空间转移的路径选择及集聚经济的微观机理,奥塔威亚诺将企业异质性假定引入传统的两企业两区位模型,同时假定在经济环境中存在两家企业(较高生产率的企业 1 和较低生产率的企业 2)和两个区域(市场空间大、生产成本低的区域 H 和市场空间小、生产成本高的区域 F),构建了两企业两区位的空间选择模型,从而搭建了新新经济地理学的基本研究框架。研究认为,由于两企业生产效率的异质性和两区域外生成本差异,使得不同企业满足消费者多样化偏好的能力是有差异的,并进而驱动企业通过自我选择效应实现了区域间转移(鲍德温和奥库博,2011)。那么,具有较高生产效率的企业 2 就会自愿选择市场空间大、生产成本低和消费偏好多样化的优势区域 H,而具有较低生产效率的企业 1 为了生存则只能选择市场空间小、生产成本高的劣势区域 F,从而通过企业转移实现了"高生产率企业—优势区域、低生产率企业—劣势区域"的企业空间布局。

崴纳保尔(2011)的研究则基于不同城市生产率异质性的假定,认为具有较高生产率的城市 H 会有更多新机器设备的产生并且能在更大程度上吸引具有高技能能力的劳动力转移,从而会扩大城市 H 的市场规模,降低生产成本;而具有较低生产率的城市 F 则恰恰相反。与此同时,不同城市消费者偏好的差异,也会影响企业的区位选择。那么经过长期的自我选择效应,会使高生产率的企业趋向于城市 H,以追求高技能的人才和相对低的生产成本,而低生产率的企业为避免与高效率企业竞争或受市场门槛限制则只能分布在城市 F,从而使企业依生产率的异质性呈现差异性的空间布局,实现不同产业的空间集聚。

新新经济地理学的提出,将新新贸易理论的最新研究成果引入到新经济地理学的分析框架内,分别以生产率差异和成本差异度量企业的异质性,以生产规模、生产成本和贸易成本(包括运输成本和贸易障碍等)等衡量区域的异质性,并充分考虑不同市场消费偏好的异质性,从微观视角研究了企业异质性、空间转移和集聚经济的内在机理,认为企业和消费偏好的异质性是驱动企业转移和区位选择的重要因素,从空间视角回答了禀赋相似地区的集聚差异和企业转移的动力机制。

第二节 企业迁移的倾向及城市分布:"双重"异质性视角下的多城市模型

一、传统新经济地理模型的解释

长期以来,学者们对企业转移及其空间布局的探讨,多从基础的迪克西特—斯蒂格利茨垄断竞争模型展开,其中最具代表性的是克鲁格曼(1980)、藤田(Fujita)等(1999)将其扩展为多区位、存在运输成本的空间 D-S 模型,以用来说明规模报酬递增、运输成本和要素流动间的相互作用。而本节着重探讨的中心—外围模型(Core-Periphery)便是对此的进一步深化。该模型假定:(1)经济体中存在 r 个地区和两个部门,即制造业部门和农业部门。制造业部门为垄断竞争市场,生产异质产品,且规模报酬递增;农业部门为完全竞争市场,生产同质产品,且规模报酬不变。(2)两部门仅投入劳动力一种要素,即工人和农民,且各地区农业劳动力份额是既定的外生变量,而制造业劳动力份额是可变的。(3)存在运输成本,尤其是冰山运输成本,即产品在运输途中会发生损耗。在上述假定下,地区 i 的消费者效用函数可由柯布—道格拉斯(Cobb-Douglas,C-D)效用函数表示为:

$$U_i = M_i{}^{\mu} A_i{}^{1-\mu} , 0 < \mu < 1 \tag{1-23}$$

其中,M 表示差异化的制成品消费组合,A 表示农产品消费量,μ 为固定参数,表示制成品支出份额,取值范围为 0 到 1 之间。由于 M 组合是定义在制成品种类连续空间上的子函数,且符合 CES 效用函数形式,那么其可表示为:

$$M_i = \left(\int_{k \in N} \mathrm{d}_i\,(k)^{\,(\delta-1)/\delta} \mathrm{d}k \right)^{\delta/(\delta-1)} \tag{1-24}$$

其中,$\mathrm{d}_i(k)$ 表示第 k 种制成品的消费量,N 为制成品 k 的总种类数。当制成品价格指数为常数时,δ 可表示任意制成品的需求弹性和任意两种制成品间的需求替代弹性,且 $\delta > 1$。那么,若定义收入 Y、农产品价格 p^A 和制成品价格 $p(k)$,则在(1-25)式的预算约束下,i 地区居民对 j 地区制成品的 CES 需求函数可由(1-26)式表示为:

$$Y = p^A A + \int_{k \in N} p(k)\,\mathrm{d}(k)\,\mathrm{d}k \tag{1-25}$$

$$d_{ji}(k) = \left[p_{ji}\,(k)^{-\delta} / G_i^{1-\delta} \right] \mu Y_i \tag{1-26}$$

其中,p_{ji} 表示在 j 地区生产的任意一种制成品在 i 地区销售所需支付的价格,G_i 则为 i 地区 CES 价格指数。那么,据此 p_{ii} 便表示 i 地区生产的制成品在本地区销售所需支付的价格,即得到:

$$G_i = \left[\int_{k \in N} p\,(k)^{1-\delta} \mathrm{d}k \right]^{1/(1-\delta)} = \left[\int_{k \in n_i} p_{ii}\,(k)^{1-\delta} \mathrm{d}k + \int_{k \in n_j} p_{ji}\,(k)^{1-\delta} \mathrm{d}k \right]^{1/(1-\delta)} \tag{1-27}$$

在上述消费者行为分析框架的基础上,藤田等(1999)通过生产者行为和利润最大化的研究,得出了制造业工资方程:

$$w_i = \left(\frac{\delta - 1}{\delta c} \right) \left[\frac{\mu}{q^*} \sum_{j=1}^{R} Y_j (T_{ij})^{1-\delta} G_j^{\delta-1} \right]^{1/\delta} = \left[\sum_{j=1}^{R} Y_j\,(T_{ij})^{1-\delta} G_j^{\delta-1} \right]^{1/\delta} \tag{1-28}$$

其中,T_{ij} 衡量 i、j 两地的冰山运输成本,c 为制造业的边际投入,q^* 表示零利润条件下的产出。那么,根据式(1-28)的表述可以看出,在 R 个相互独立的地区内,若价格指数接近,且与 i 地区间冰山运输成本较低的地区收入越高,地区 i 的名义工资就越高。因为接近市场规模较大的地区,企业会越有能力支付较高的工资;而由高工资引致的劳动力流入,显然也会吸引企业向该区域集中。

进一步地,佛斯里德和奥塔威亚诺(Forslid & Ottaviano,2003)对上述中心—外围的基础模型进行了更为细致的诠释。二者首先认为劳动力是异质的,并将劳动力要素区分为技能劳动力 h 和非技能劳动力 l,且技能劳动力能够在区域间自由流动。同时为简化分析,模型假设经济体中仅存在两个地区 a 和 b,那么 h_i 和 l_i 即反映了 i 地区($i=a,b$)的劳动力要素禀赋状况。接下来,在给定技能劳动力工资 w_i^h 和非技能劳动力工资 w_i^l 情形下,可将当地的收入水平表示为不同劳动力数量及其工资水平的乘积之和,即有收入方程:

$$Y_i = w_i^h h_i + w_i^l l_i \tag{1-29}$$

基于式(1-29),我们假设农业部门仅使用非技能劳动力,而存在垄断竞争和规模报酬递增的制造业部门则可同时使用技能劳动力和非技能劳动力。那么,若生产 $m(k)$ 单位的 k 种类制造业产品,企业对技能劳动力的固定需求为 α 单位,对非技能劳动力的边际需求为 $\beta(m)$,则其生产的总成本为:

$$TC_i(k) = w_i^h \alpha + w_i^l \beta m_i(k) \tag{1-30}$$

根据制造业产品的需求函数和成本函数,可得出区域 i 中典型制造业企业的利润函数,即有:

$$\Pi_i(k) = p_{ii}(k)d_{ii}(k) + p_{ij}(k)d_{ij}(k) - \beta[d_{ii}(k) + \tau d_{ij}(k)] - \alpha w_i^h \tag{1-31}$$

当然,式(1-31)中蕴含的假定是非技能劳动力的工资 w_i^l 为 1,τ 则与前文 T 一样表示两地区的冰山运输成本。根据前文的分析,利润最大化的一阶条件可表示为:

$$p_{ii}(k) = \beta \delta(\delta - 1) \tag{1-32}$$

$$p_{ij}(k) = \tau \beta \delta(\delta - 1) \tag{1-33}$$

由于企业可以自由进出,那么出于获利的目的,大量企业会流向有利可图的地区。但随着该市场中企业数量增加,竞争加剧,单个企业利润会逐步降低,直至消失,均衡时企业利润为零,企业将没有动力在区域间转移。

二、"新"新经济地理框架下多城市模型的探讨

在奥塔威亚诺(2011)的"新"新经济地理思想基础上,我们根据比伦斯(Behrens,2010)等人的研究将麦莱兹(2003)异质性企业贸易模型引入艾泽尔(Ethier,1982)的两阶段生产模型,试图构建一个城市生产率、企业集聚和分类筛选模型,以分析异质性劳动力的工资回报和异质性企业的空间布局。

首先,在一个经济体中存在个体劳动者、企业和城市三种角色,且均是异质的。假定劳动力的才能(Talent)和运气(Luck)决定了其生产效率,并可区分为企业家和普通劳动力两种,显然前者具有更高的生产效率。与此类似,企业生产率也有高低之分,且城市数量、人口规模和城市结构均是内生决定的。同时,任何城市的个体劳动力都需要消费最终产品和土地,并假定劳动力不会通过消费超过其基本需求的土地来获得额外的效用;且为简单起见,我们认为劳动者是风险中性的,即消费最终产品所带来的效用是线性的。那么,若假定城市 c 中任意竞争性的生产企业生产最终产品均需要本地差异化的中间投入,且其进入技术是常替代弹性 $1+1/\varepsilon,\varepsilon<0$。因此,根据艾泽尔(Ethier,1982)的表述,城市 c 的总产出为:

$$Y_c = \left[\int_{\Omega_c} y_c(i)^{\frac{1}{1+\varepsilon}} \mathrm{d}i \right]^{1+\varepsilon} \qquad (1-34)$$

其中,$y_c(i)$ 表示 i 种产品的产出,Ω_c 表示 c 城市生产的中间投入品的种类集合。需要指出的是,与中间投入只能本地供应不同,最终产品可以在城市间自由贸易,而企业可以根据其生产率和获利能力作出是否出口的决策。那么,利用麦莱兹(2003)企业家才能是异质的假定,我们可将 i 种产品的产出表述为劳动力需求和生产率的函数,即有:

$$y_c(i) = \phi_c(i) l_c(i) \qquad (1-35)$$

其中,$l_c(i)$ 是生产 i 种产品的劳动力需求,$\phi_c(i)$ 是相应的企业家

生产率。

接下来,若假定每个城市是相互独立的,且城市生产率事先给定,那么个体劳动者会根据其自身的生产率水平选择工作类型;同时,企业也会根据其生产效率选择生产区位和劳动力。与之相关的是,企业需要根据其利润函数来考虑城市选择,劳动力的就业选择同样如此。所以,在最终产品生产成本最小化的条件下,我们首先将中间投入表述为:

$$y_c(i) = \left[\frac{p_c(i)}{G_c}\right]^{1-\frac{1}{\varepsilon}} \frac{Y_c}{G_c} \tag{1-36}$$

$$G_c = \left[\int_{\Omega_c} p(j)^{-\frac{1}{\varepsilon}} \mathrm{d}j\right]^{-\varepsilon} \tag{1-37}$$

其中,式(1-37)表示的是城市 c 适宜的价格指数,式(1-36)中 $1-1/\varepsilon$ 为需求的价格弹性。那么,每一单位中间投入,在利润最大化时的价格指数,可表示为:

$$p_c(i) = (1 + \varepsilon)\frac{w_c}{\phi_c(i)} \tag{1-38}$$

其中,w 表示工资。据此我们可以将式(1-36)重新表述为:

$$y_c(i) = \left[\frac{\phi_c(i)}{\Phi_c}\right]^{1+\frac{1}{\varepsilon}} \frac{Y_c}{G_c} \tag{1-39}$$

$$\Phi_c \equiv \left[\int_{\Omega_c} \phi_c(j)^{\frac{1}{\varepsilon}} \mathrm{d}j\right]^{\varepsilon} \tag{1-40}$$

式(1-40)便度量了城市 c 的总生产率。从中可以看出,城市集聚越多具有较高生产率的企业家或企业家的生产率越高,城市的总生产率就越高,Φ 值越大。相反,低技能劳动力的集聚则出于拥挤效应不利于城市总体生产率的提升。

那么,在式(1-38)、式(1-39)和式(1-40)的基础上,我们可将企业家利润函数表述为:

$$\pi_c(i) = \frac{\varepsilon}{1+\varepsilon} p_c(i) y_c(i) = \frac{\varepsilon}{1+\varepsilon} Y_c \left[\frac{\phi_c(i)}{\Phi_c}\right]^{\frac{1}{\varepsilon}} \tag{1-41}$$

显然,影响企业家利润的主要因素是城市 c 的经济规模 Y 和企业家生产率与城市总生产率之比 ϕ/Φ。与贝伦斯(Behrens et al., 2010)假定普通劳动力同质不同的是,我们认为流动的企业家和劳动力均是异质的。当 $\pi(\phi) > w$ 时,劳动者选择成为企业家的预期收益高于工人工资,所以会选择创业;而当 $\pi(\phi) < w$ 时,劳动者选择成为企业家的预期收益会低于工人工资,会选择就业。那么下文将重点考察后一种情形,即生产率对企业选址和异质性劳动力工资的影响。

假定当 $\pi(\phi) < w$ 时,城市 c 的劳动力供给为:

$$L_c^s = F(\bar{\phi}) L_c \tag{1-42}$$

其中,$F(\phi)$ 为生产率的累积分布函数。城市 c 的劳动力需求为:

$$L_c^d = L \int_{\bar{\phi}}^{\Omega_c} l(\phi) \mathrm{d}F(\phi) = \frac{1}{1+\varepsilon} \frac{Y_c}{w_c} \tag{1-43}$$

根据上述劳动力的供求状况,可以得出现有劳动力禀赋状况下,可以支撑的城市总产出为:

$$Y_c = (1+\varepsilon) F(\bar{\phi}) L_c w_c \tag{1-44}$$

那么,在竞争和成本最小化的约束下,若将最终产品的价格指数标准化为 1,则结合(1-38)式可将工资表示为:

$$w_c = \frac{1}{1+\varepsilon} \Phi_c \tag{1-45}$$

其中,总生产率 Φ 可重新表述为:

$$\Phi_c = \left[L \int_{\bar{\phi}}^{\Omega_c} \phi^{1/\varepsilon} \mathrm{d}F(\phi)\right]^{\varepsilon} \tag{1-46}$$

在上述分析的基础上,根据(1-41)式和(1-44)式,我们可将企业的总利润表述为:

$$\Pi_c = \frac{\varepsilon}{1+\varepsilon} Y_c = \varepsilon F_c(\bar{\phi}) L_c w_c \tag{1-47}$$

由上式我们可以看出,影响企业利润的因素主要为生产率分布、劳动力供求状况、工资水平和城市经济规模等;而企业对城市的选择,则需要对进入后的预期收益与进入成本和贸易成本进行权衡。

至此我们给出了一个包含企业生产率异质性和劳动者异质性的"双重"异质性,通过集聚经济、归类效应和选择效应影响城市经济的分析框架。对此,我们做出进一步分析。首先,对于集聚经济(Agglomeration Economies),企业的集聚会通过规模效应和外部经济提升企业的生产率。因为由(1-40)式可知,大量企业和企业家的集聚不仅有利于城市总体生产率的提升,且通过知识溢出和激烈的市场竞争有利于城市成长,而这反过来又会进一步强化城市对企业和劳动力的集聚能力(Behrens Robert-Nicoud,2010),进而提升城市的集聚水平。其次是归类效应,有才能的劳动力通常具有较高的生产效率,且出于对自身利益最大化的考虑,会优先选择进入大城市就业。因为根据(1-45)式的描述,总生产率较高(Φ值较大)的大城市通常具有更高的工资水平。那么,经过长时间的归类效应会最终形成"高技能劳动力—高生产率企业—大城市"和"低技能劳动力—低生产率企业—小城市"的空间布局。最后是选择效应(Selection Effect),大城市具有更大的市场规模和更好的产业环境,这意味着只有较高生产率的企业和高技能的劳动力才能够在激烈的竞争中生存。

第三节　欠发达地区承接产业转移的引力因素

20世纪末,随着"国际投资不再向低成本方向转移,而是朝产业集聚方向转移"[①]这一趋势的发展,产业集聚优势已逐渐替代成本优势而成为影响产业转移的主导力量。产业转移与产业集聚均能够为当地产

---

① 　联合国贸易与发展会议:《2001年世界投资报告》,经济管理出版社2002年版,第204页。

业注入新的活力,促进经济发展,同时它们之间又是互动的,产业集聚区日益成为产业转移的主阵地,而产业转移则是产业不断集聚的必然产物。

对于承接地而言,能否吸引到发达地区的产业转移取决于多种因素的共同作用。里特勒(J.S.Little,1978)、卢洁尔和舍泰(M.I.Luger & S.Shetty,1985)在对美国承接产业转移的区位选择因素进行实证研究后得出,工资水平、制造业密度以及当地政府政策是影响承接地产业承接的决定因素。程和恺万(L.K.Cheng & Y.K.Kwan,2000)在对1985—1999年期间中国29个省份吸引FDI的情况进行研究后发现,市场规模、基础设施状况和政策因素是中国吸引产业转移的主要原因。寇格琳和塞之孚(C.C.Coughlin & E.Segev,2000)的研究表明GNP、平均生产率水平及地理便利程度直接影响着对产业转移的吸引力。卡西戴和卡拉哈姆(J.F.Cassidy & B. Callagham,2006)则认为教育水平高、内陆水运交通便捷和沿海分布的地区更容易吸引产业转移。国内对产业转移动力的研究也较为丰富。马子红(2006)从成本的角度探讨了生产成本、运输成本和制度成本等影响产业转移的动因[1];孙世民、展宝卫(2007)将产业承接的吸引力分为市场吸引力、产业集聚吸引力和政策吸引力[2];左小德等(2011)以广东省产业和人力资源的双转移为背景,结合价值管理理论和牛顿万有引力理论建立了双转移的引力模型,并运用聚类分析考察了承接地经济发展水平、两地经济距离、劳动力、政策等因素影响下的承接地引力大小[3];王思文、祁继鹏(2012)实证地检验了劳动力成本、基础设施建设和人力资本水平等产业转移的影响因素[4];杜

---

① 马子红:《基于成本视角的区域产业转移的动因》,《财贸经济》2006年第8期,第46—50页。

② 孙世民、展宝卫:《产业转移承接力的形成机理与动力机制》,《改革》2007年第10期,第121—125页。

③ 左小德、张力方、梁云:《产业转移的引力模型及实证研究》,《产经评论》2011年第3期,第47—54页。

④ 王思文、祁继鹏:《要素流动差异与地区间产业转移黏性》,《兰州大学学报(社科版)》2012年第2期,第105—110页。

传忠、韩元军、张宪国(2012)也从承接地的角度,认为西部地区较低的劳动力、土地和能源等生产要素成本及其潜在的市场需求都是吸引东部产业转移的重要因素[①]。

总结上述研究可知,产业承接不仅取决于发达地区的产业是否转出,也不仅仅是简单接纳移出地转移产业的过程,更体现在对承接地比较优势的挖掘,以营造出适宜于转移产业成长、发展的生存环境和增长潜力。因此,承接地的经济发展现状、生产成本、地域土地面积、原材料供应、基础设施、劳动力和资本金数量等因素必然在考虑之列。具体来说,经济发展水平、工资水平、地理区位、市场状况、交通便捷程度等构成了一国或地区的产业承接力,直接决定着该国或地区吸引、选择、支撑及发展产业的能力,是其承接产业转移的基础。因此,探讨欠发达地区承接产业转移的动力机制可以转化为探讨是何种动力促进该地的承接力形成的。一般来说,移出地的产业转移主要表现为产业集聚引发的产业转移和产业扩散引发的产业转移两类;承接地接受产业转移的引力因素则主要表现为对高级生产要素的获取和累积、对产业转移技术溢出效应的获得、对产业结构升级转换的推动、对承接地发展理念的促进以及政策因素与政府行为等多方面。

一、产业移出地的推动作用

(一)产业集聚导致的产业转移

国家竞争优势来源于优势产业,而优势产业的竞争优势来源于产业集聚(波特,1998)。产业集聚是导致区域间产业转移的重要原因。

首先,从产业集聚形成的过程来看,伴随着区域的资源开发、基础设施建设、生产设施及其配套设施建设,受规模经济内在要求的驱动,为提高生产效率、降低交易和信息成本、增强企业竞争力,必然会导致

[①] 杜传忠、韩元军、张宪国:《我国区际产业转移的动力及黏性分析》,《江西社会科学》2012年第5期,第5—11页。

不同规模的生产相同产品或类似产品,或者生产上下游产品的企业集中连片布局,其结果是在集聚机制的作用下,不同区域之间通过产业关联而集聚成群,即发生产业转移现象。

其次,从产业集聚形成后的发展趋势看,产业集聚带来了诸如交易费用节约、知识外溢、市场接近与共享、外部经济、专业化分工等效应,形成企业竞争与合作,实现信息、技术与人才等创新资源的共享,促进行业技术外溢,提高技术进步水平,使区域内的企业获得区域外企业无法获得的竞争优势,其地区的经济竞争力显著高于未形成产业集聚的地区,从而吸引更多企业向该地进行产业转移,进而加速产业聚集。这时不仅包括生产同类产品的企业从分散地向集聚地的转移,还包括相关专业性外部服务业和配套设施的转移,降低了建立新企业的投资风险,投资者更容易发现市场机会,从而促进新企业的诞生和集聚规模的不断扩大,促进产业集群的形成。这样,不但能带来外部规模经济,创造社会价值,而且还能增加更多的就业机会,最终推动区域经济的发展,形成产业聚集和产业转移的互动。这种为了追逐外部规模经济,产业逐步转移并且高密度地集聚在一起,形成产业集聚过程,可称为"吸纳效应"。如在改革开放初期,我国珠三角地区利用其丰富的土地资源和廉价劳动力等方面的比较优势,吸引了以香港、澳门、台湾地区为主的大量海外企业的投资,形成了当时东亚地区最大的一波国际产业转移浪潮。当这些外资或合资企业高密度地聚集在珠三角时,形成了鞋业、服装、家具、玩具、陶瓷、电气机械、家电、食品、电子通讯、IT 等一系列产业集群;而这些产业集群内部企业的上、下关联效应所产生的外部规模经济又进一步提高了该地区承接产业转移的能力,吸引了更多的外商落户珠三角。这样,产业转移形成产业集聚,产业集聚诱导产业转移,两者相互促进,促使珠三角地区产业链不断延伸、经济规模不断扩大、经济结构不断优化,从而有力地提升了区域经济的整体竞争能力和对外辐射能力。

(二)产业扩散导致的产业转移

虽然产业集群有利于交易效率的提高和交易费用的降低,从而带来递增收益,但这并不意味着集群越大越好。在正常状态下,集群扩张有一个边界问题。当集聚产业发展到一定程度,集聚超过一定的合理规模时,就会面临着企业集聚和拥挤效应的两难选择。

"拥挤效应"是指当集群内的企业发展到一定规模,随着市场经济的激烈竞争、供给和需求结构变化以及成本逐渐上升等因素而出现的产业集聚的规模效益呈现递减趋势,削弱集群的竞争能力的现象。"拥挤效应"会对产业集聚区的企业带来不利影响,主要体现在四个方面:其一,集群产品市场的拥挤效应。区内创新企业获得的超额利润会因大量对手的快速模仿而迅速减少,直至消失。对于维持集群内企业的创新动力不利,集群中企业不能通过创新获取利润。其二,集群要素市场的拥挤效应。当众多中小企业聚集在某个狭窄的地域而形成集群时,必然会形成对各种生产要素的相对巨大的需求。而且,随着新企业的不断进入,这种需求还会不断增大,并推动区内相关要素产品价格的上升,从而推升产品成本。其三,集群环境资源的拥挤效应。过度集聚会让集聚区内的自然环境质量不断恶化,对环境产生负面影响,其直接的后果是增加了集聚区企业的环境成本,降低了整个集群对劳动者的吸引力。其四,集群基础设施的拥挤效应。过度集聚会让集聚区内的基础设施超负荷,出现物资流转不通畅等方面的问题。

在此情形下,集聚地区产业结构要求不断优化和升级,势必导致一些技术相对落后的成熟集聚产业发展缓慢,在一定程度上阻碍集聚区的经济发展。为保持竞争优势,在竞争中实现外部规模经济,就要求原集聚区不断进行技术创新,寻求发展高新技术产业集聚。当然,成熟产业则依据产业梯度转移理论逐渐扩散转移到有接受能力的其他经济欠发达地区,这种现象被称为"释放效应"。自2004年以来,应新一轮产业发展的需要,我国以珠三角、长三角为代表的沿海发达地区土地、劳动力价格上涨,开始将高能耗、高物耗、高污染、加工型、劳动密集型等工业迁移到相对落后地区,产业向外扩散倾向明显,仅东莞2007年底就迁出2万多家制造型企业,与西北地区新的产业分工正在形成。

一般而言,产业转出企业通常会考虑两个重要因素:一是承接地的劳动力、原材料等生产要素成本是否低廉;二是承接地的产业链是否完整,产业配套能力是否有保障。而且,随着理论和实践研究的深入,后者在产业转移中的作用越来越重要。一方面,承接地产业配套能力越强,产业集聚越发达,对转出地转出产业的吸引力就越大,就会有更多的产业和项目加入到该集聚区内;另一方面,随着大批量项目和产业向承接地转移,会在产业承接地形成更为强大的积累效应,进一步促进产业承接地产业集聚的发展,两者相互促进,形成良性循环。

二、欠发达地区的承接动力

(一)对高级生产要素的获取和累积

在承接过程中获取并积累高级生产要素是承接地承接产业转移的重要动力。波特(1990)的钻石理论指出,在影响竞争力的四要素中,生产要素特别是高级生产要素对一国或地区产业竞争力的形成起着至关重要的作用。钱纳里和斯特劳特(1966)提出的"两缺口"模型表明,利用国外资源可以改变相对落后地区的资本、技术和知识等高级生产要素相对稀缺的状况,并促进其产业规模的扩大及经济的发展。美国经济史学家格申克龙(A.Gerschenkron,1962)在对19世纪欧洲后发国家的经济发展过程进行研究后指出,通过"后发性效益",即后发国家利用源自先进国家的技术、资本等高级生产要素并结合自身原有禀赋可以加快本国的工业化进程。可见,对于初级生产要素丰富的欠发达地区而言,通过承接发达地区转移而来的产业是其获得并积累高级生产要素的绝佳途径,进而是促进其经济发展的重要选择。

(二)对产业转移技术溢出效应的获得

在承接过程中获得产业转移的技术溢出效应,并实现其产业结构的优化和升级是承接地承接产业转移的根本动力。产业梯度理论认为,不同区域间的经济发展水平存在着梯度差异,梯度区域不同其主导产业也不同,主导产业会随着区域经济梯度的变迁而不断升级形成新的主导产业,原有旧的主导产业自然就需要被转移出去,其方向通常是由高梯度地区流向低梯度地区。以技术差距为特征的产业级差导致了一些产业由发达国家向发展中国家转移。一国内部产业由发达地区向欠发达地区的转移也是同样的道理。由于高梯度地区其产业的技术水平通常高于低梯度地区,因此,合理承接高梯度地区的移出产业一方面可以充分发挥"后发优势",通过模仿吸收所承接产业的先进技术,在二次创新的基础上推动本地区产业的技术升级,另一方面可以极大地提高欠发达地区采用先进技术的部门的数量和比例,进而推动整体产业结构向更高的层次演进。

(三)对产业结构升级转换的推动

在承接过程中,通过产业间的关联带动效应推动产业结构升级转换,进而推动其经济增长,是承接地承接产业转移的间接动力。罗斯托(1960)指出,近代经济增长根植于现代技术所提供的生产函数的积累与扩散中,增长的实质是某部门的创新及主导部门的更替。某一部门的创新通过与其他部门的相互关联,将会引起区域产业结构的转换,并推动其经济增长。欠发达地区选择性地承接对自身不存在挤出效应的转移产业,将会凭借产业关联效应诱致相关投资的发生,强化产业间的协调性和关联性,使得产业结构更趋合理化。这种关联效应主要表现为后向关联、前向关联和旁侧关联三个方面。其中,后向关联效应是指由于承接产业所导致的新要素投入需求会在承接地内部诱发新要素生产部门的出现,从而带动当地的就业与经济发展;前向关联效应是指所承接的产业与自身原有产业之间存在的上下游关系,可以通过产业承接削减下游企业的投入成本并促进其成长与发展;旁侧关联效应是指承接产业的本地化过程会产生产业变迁之外的溢出效应,例如劳动力素质的提升以及相关支持产业的发展等。这些都是承接地承接产业转移的间接动力。

(四)对承接地发展理念的促进

在承接过程中,通过产业承接促进承接地发展理念的转变、强化竞争与合作意识、增强其在市场经济中的竞争力是承接地承接产业转移的辅助动力。与承接地内部企业相比,转移产业在资金、技术、人才等方面通常更胜一筹。面对强势的转移产业,承接地的原有企业若要求得生存,唯有重新定位,剥离劣势产业聚焦于核心优势业务,通过与专业产业建立战略合作伙伴关系,彼此分工合作,整合资源与技术,从而实现协调发展。伴随相关产业的移入,新的管理理念、思想等无形资源也将为当地的发展注入新鲜动力。陈刚、陈红儿(2001)认为,产业转移于转移双方是一种双赢的活动。对于转出地而言,通过产业转移可以淘汰落后产能,实现区域产业结构升级;而对于承接地来说,产业转移则为区域经济发展提供了良好契机,同时也是促进区域产业结构升级转换的有效途径。

(五)政策因素与政府行为

除了上述四种动力之外,政策因素及承接地的政府行为也是促进欠发达地区进行产业承接的重要力量。政府鼓励性的政策会激发承接地产业承接的积极性,进而推动其产业承接及经济发展的步伐。新时期的服务型政府,以及广大西部地区想要促进经济快速增长的迫切愿望,都将推动当地的产业承接活动。此外,地区产业集聚的大小也会对产业承接构成影响,产业集聚的规模越大,就越会吸引更多的厂商转移而来加入其中。相关研究表明,在对外商具有吸引力的地区,集聚存量每增加1个单位,则该地区未来被潜在投资者选中的概率就会增加5%到7%。① 在产业集聚下,同行企业及相关企业共同构筑价值链,形成区域性的生产系统;通过分工协作提高劳动生产率,节约交易费用,获取外部规模经济效益和范围经济带来的好处,同时还促进了学习与创新环境的形成,并为未来更高层次的产业承接打下坚实基础。

第四节　欠发达地区承接产业转移的制约因素

对产业转移的顺利承接不仅取决于承接地的引力和移出地的推力,更取决于来自承接地和转出地的阻力因素。概括来说,阻力因素主要表现为移出地由于产业集聚、路径依赖、根植效应,以及制度创新、产业关联、劳动力自由流动以及沉没成本等所引致的产业转移黏性;就西部地区作为承接地而言,则主要是由于基础设施薄弱、产业配套不齐全、观念更新缓慢、要素市场不健全,转出地与承接地经济距离过远、文化差异较大、劳动力素质普遍不高,以及地区间的无序竞争等原因限制了外区产业的移入,从而无法实现相关产业的成功承接和良性发展(见表1-1)。除此之外,移出地与承接地之间的利益协调机制尚未建立也是制约承接地接受产业转移的重要因素之一。

表1-1　影响产业顺利承接的阻碍因素

地区类型	主要构成要素	导　致　结　果
移出地	集聚、路径依赖、根植效应、制度创新、产业关联等	除非整个产业链转移,企业才会考虑外迁;制度创新、产业关联等所导致的交易成本降低为区域产业带来黏性
承接地	基础设施薄弱、观念更新缓慢、要素市场不健全、地区间无序竞争	限制了外区的产业移入;即使有部分企业转移进来,也可能无法根植于当地

① 张凤:《基于钻石模型的产业集群要素分析——以浙江义乌小商品产业集群为例》,《山东理工大学学报》2011年第4期,第10—13页。

一、来自产业移出地的阻力

就移出地视角考察,影响产业顺利承接的阻碍因素即是阻碍产业顺利转移的因素。就关键性企业而言,不论其最初的区位选择是否如克鲁格曼所说是一种偶然,但是,一旦选择,都会有一定力量使企业在原有区位产生"路径依赖"。波特也认为,大量密切相关的企业以及相关支撑结构在空间上的集聚,可以形成持续强劲的竞争优势。在集聚经济效应作用下,关键性企业将吸引劳动力及下游企业在该区域集中。尤其,当产业关联效应、生产规模及对市场和各种原材料的影响力均较大的时候,初始企业的区位选择就会对劳动力市场及相关企业的区位产生重要作用,并使产业的路径依赖不断增强。这一"路径依赖"的力量,亦即"区位锁定"的力量,除非整个产业链转移,企业才会考虑外迁,其所引致的转移黏性使得相关企业和产业长时间滞留在原地而无法顺利移出。

从劳动力的流动性来看,我国劳动力的高流动性也是阻碍产业向外转移的重要因素。成祖松(2013)认为,我国劳动力流动的限制自改革开放以后越来越少,大量中西部劳动力向东部地区的流动造成了东部地区劳动力实际工资增长缓慢,降低了东部地区企业的生产成本,进而阻碍了企业的向外转移[①];从地方政府部门及其行为来看,地方保护主义所造成的阻碍因素也非常明显。张纯记(2012)指出,地方政府出于解决就业、增加财政收入以及可能导致的"产业空心化"的考虑,会对欲转移企业给予各种优惠政策加以挽留。[②] 我国江苏、广东等省内部发达地区向欠发达地区的产业转移都反映了这一点。此外,搜寻和

① 成祖松:《我国产业转移黏性的成因与对策》,《广东广播电视大学学报》2013 年第 3 期,第 86—90 页。
② 张纯记:《我国区际产业转移的制约因素与对策》,《经济纵横》2012 年第 1 期,第 76—79 页。

谈判成本、地方保护主义所造成的阻碍、产业转移风险的不确定性、对区域差异的适应性、承接地软硬件环境再造的成本过高、人缘地缘关系、沉没成本等,这些都会构成转出地的梯度推移黏性,致使产业的移出受阻。

二、来自承接地自身的阻力

承接地的阻力依据其成因可分为主动排斥阻力与被动排斥阻力两方面。主动排斥阻力是指承接地依据自身的发展规划,或是遵循国家产业政策、环保政策对承接产业的种类予以限定,通过设定相关门槛主动地将一些产业拒之门外。在绿色发展概念盛行的今天,在经济发展的过程中既要保持经济总量的增长同时还要兼顾经济质量的观点已成为人们的普遍共识。对于西部地区而言,承接产业过程中应主动将一些高污染高能耗产业拒之门外,积极引进绿色环保的高新技术产业,唯有如此,才能保证本地区经济具备不竭的发展动力。但是长期以来,受制于重经济目标而轻社会和环境目标、重近期目标而轻长远目标的传统发展观与唯 GDP 的地方政府政绩考核机制,使得欠发达的西部地区更为关注经济发展尤其以 GDP 为核心的经济增长,从而忽视了环境的保护和产业承接的质量。

被动排斥阻力则可能是由于薄弱的基础设施、落后的观念和习俗、要素市场的不健全以及地区间的无序竞争,这些都将减弱其对移出地产业的吸引力,强化产业区域转移的黏性,排斥区外产业顺利移入本地或促使相关产业转而移入他地。即使有部分企业转移进来,也可能由于这种斥力而成为飞地型企业,并进而难以根植于当地,也无法充分发挥集聚效应并带动当地经济发展。

此外,承接地区域发展环境尤其是软环境也会对承接产业转移产生负面作用,其中制度环境和区域能力结构等因素也是阻碍产业承接的重要原因(成祖松,2013)。

三、两类地区间的利益协调机制尚未建立

由于产业转移对于转入地而言意味着 GDP 和税源途径的增加,而对于移出地来说却是 GDP 的减少和税源的损失,所以在财政分权和 GDP 考核的机制作用下,产业转移不仅导致东部发达地区和西部欠发达地区地方政府之间激烈的税源博弈、资源效益博弈、环境效益博弈和声誉政绩博弈。[1] 例如,江苏、广东等东部发达省份从自身利益最大化角度出发,往往通过省内不同区域间共建产业园区、给予优惠措施等方式,不断引导相关产业向省内欠发达地区转移[2],这一趋势势必阻滞产业向西部地区转移的步伐。同时,也导致了欠发达的西部地区内部各省份之间为了争夺产业转移资源,采取竞相压价放宽环境准入标准等方式,进而不利于产业在空间上的有效配置。[3]

第五节　产业转移与承接的推拉模型及动力耦合

国际和区际间的产业转移与承接是由两种力量即产业移出地的净推力和产业承接地的净拉力共同作用的结果。借鉴解释人口迁移的"推拉"理论[4],构建产业转移与承接的推拉模型,可进一步综合分析产

---

[1]　林平凡、刘城:《产业转移:转出地与转入地政府博弈分析》,《广东社会科学》2009 年第 1 期,第 33—37 页。

[2]　孙君、姚建凤:《产业转移对江苏区域经济发展贡献的实证分析——以南北共建产业园为例》,《经济地理》2011 年第 3 期,第 432—436 页;陈林、朱卫平:《广东省产业转移的发展现状与特征》,《国际经济探索》2010 年第 1 期,第 24—28 页。

[3]　孙久文等:《中西部承接产业转移的现状问题与策略》,《甘肃社会科学》2012 年第 3 期,第 175—178 页。

[4]　推拉理论(the Push and Pull Theory)是解释人口迁移原因的主要理论。该理论认为,人口迁移存在着两种动因,一是居住地存在着推动人口迁移的力量,二是迁入地存在着吸引人口迁移的力量。两种力量的共同或单方作用导致了人口迁移。1889 年,雷文斯坦(E. G. Ravenstein)使用英格兰和威尔士 1881 年的人口普查资料分析其迁移原因,第一次提出了推拉理论。

业转移与承接的动力机制。其中,净推力可分解为产业移出地由产业结构优化、集聚不经济、要素禀赋差异、经济发展政策等因素构成的推力,以及由集聚效应、制度创新、要素流动等因素构成的阻力;净拉力可分解为产业承接地由成本优势、产业集聚、需求结构变动、政策吸引等因素构成的拉力,以及由产业基础滞后、观念更新缓慢、要素市场不健全、区域间无序竞争等因素构成的斥力(见表1-2)。

表1-2　产业转移与承接的推拉力分解

作　用　力		构　成　要　素
净推力	移出地的推力	产业结构优化、集聚不经济、要素禀赋差异、经济发展政策等
	移出地的阻力	集聚效应、制度创新、要素流动等
净拉力	承接地的拉力	成本优势、产业集聚、需求结构变动、政策吸引等
	承接地的斥力	产业基础滞后、观念更新缓慢、要素市场不健全、区域间无序竞争等

一、承接地产业承接的拉力因素

承接地产业承接的拉力因素主要表现为其对移出地所转移产业的吸引力和拉动力,该力量决定着产业转移的方向和强度。一般而言,产业的转移和承接可分为成本导向型、市场导向型、规模导向型和政策导向型等几种类型,其产业承接的拉力因素各不相同(见表1-3)。

表1-3　承接地产业承接的拉力因素

产业承接类型	主要拉力要素	主要影响
成本导向型	丰富的自然资源、低廉的劳动力等生产要素的低成本优势	为在移出地失去发展潜力的产业提供丰富且低廉的要素及成长空间,以使相关企业进行低成本运营
市场导向型	市场吸引力及与此相关的要素禀赋差异、需求结构变化、产业结构调整与投资环境改善等	市场的需求为承接产业提供了生机与活力,是产业发展的直接需要

续表

产业承接类型	主要拉力要素	主要影响
规模导向型	规模经济效应和产业集聚效应等	通过集聚,以使相关企业在节约成本的同时,共享基础设施、劳动力等要素,接受知识技术的外溢
政策导向型	国家层面的宏观政策及承接地的政策导向、适度的优惠政策	充分结合承接地的资源优势,因势利导,以有助于区域间的协调发展

(一)成本导向型产业承接

所谓成本导向型的产业转移和承接,主要是指由于要素成本变动所引致的产业转移与承接。就移出地而言表现为要素成本的上升,承接地则表现出明显的低成本吸引。此类产业承接的一般目的是为了充分利用某地区的资源禀赋优势,如丰富的矿产资源和低廉的劳动力等,为在移出地失去发展潜力的产业提供坚实的物质基础和成长空间,重新进行低成本运营。承接地则可通过承接移出地的资金和技术,大力发展其劳动密集型和资源密集型产业,一方面解决本地区的劳动力就业问题,另一方面借助较低的生产成本增强产品和产业的市场竞争力。有研究指出,与东部沿海珠江三角洲等地区相比,我国中西部欠发达地区的低成本优势明显,投资此类地区可节省成本 20%以上。[①] 无疑,该类产业转移与承接首先要考虑的是矿产资源的丰裕程度或区域内的劳动力资源,自然资源和劳动力等要素的成本优势是吸引移出地产业转移的主要拉动力量。

(二)市场导向型产业承接

所谓市场导向型的产业转移和承接,主要是指由于移出地企业对于更广阔产品市场的追求所引致的产业转移与承接,市场的需求为承接产业提供了生机与活力,是产业发展的直接需要,因而,承接地的市场吸引力是此类产业转移最主要的拉力因素。此类产业承接的一般目

---

① 张弢、李孙志:《产业区域转移形成的影响因素及模型探讨》,《经济问题探索》2008 年第 1 期。

的是为了满足人们的需求,而需求结构的变化又带来相应产业结构的变动。为了摆脱对进口商品的依赖及生产的高成本①,承接地会积极承接相关产业并获得利润。显然,承接地投资环境的改善也是增强其市场吸引力进而拉动产业转移的重要途径之一。

(三)规模导向型产业承接

所谓规模导向型的产业转移和承接,主要是指通过发挥规模经济效应降低长期生产成本,以及通过形成集群从而获得集群效应,并增强相关产品、产业及区域竞争优势的产业转移和承接。一方面,规模经济可以使得承接地企业在节约成本的同时共享基础设施、劳动力等要素,并接受知识技术的外溢;另一方面,产业集群会产生竞争优势。这种竞争优势除了体现在直接经济要素的竞争优势上,如具有水平和垂直联系的企业间的竞争与合作,还体现在非直接经济要素的区域创新系统中,这主要由支撑机构和企业群间的相互作用而形成。无疑,规模经济效应和产业集聚效应是此类产业承接的主要拉力因素。②

(四)政策导向型产业承接

所谓政策导向型的产业转移和承接,主要是指基于国家宏观决策和地方政府各项政策安排的产业转移和承接。显而易见,政策吸引力是此类产业转移和承接的主要拉力因素。当然,国家的宏观决策主要是为了实现区域间的协调发展,而此基础上承接地政府的政策导向及适度的优惠政策则是因势利导,通过政策吸引和加强政府职能、改善基础环境等措施实现本地区的产业承接,也因而显得更为重要。

---

① 此处的"进口",不仅包括某地区从国外的进口,也包括从国内其他区域的购入,某种意义上是为了反映某地区自身无法生产某商品而必须依赖区外的现实状况。这也是其积极承接相关产业转移的主要引力和动力。

② 辩证地分析,产业集聚与集群以及相应的集聚与集群效应对于产业转移和承接的作用表现为正、反两方面。纵然如此,国际投资不再向低成本方向转移而是向产业集群方向转移已逐渐成为国际产业转移的新特点。联合国贸易发展会议发布的《2001年国际投资报告》中也表达了类似观点。

此过程中,还需考虑经济发展与环境保护的融合,而非单纯的"拿来主义"。

此外,展宝卫(2006)所提出的"产业转移承接力"[1],除了涉及上述不同产业转移和承接类型中的一些主要拉力因素如自然资源、劳动力等成本优势,市场吸引力、产业集聚吸引力和政策吸引力之外,还较为全面地概括了承接地产业承接的其他方面[2],也可以看作是广义的拉力因素。结合已有研究,承接地产业承接的拉力因素及其主要构成要素和主要功能如表1-4所示。

表1-4　承接地产业承接的广义拉力因素

广义拉力因素	主要构成要素	主要功能
产业吸引力	自然资源、劳动力等成本优势,市场吸引力、产业集聚及政策吸引力	吸引和拉动产业转移的基础,招引转移产业入驻承接地
产业选择力	信息的收集和处理能力,决策和论证的科学性	承接产业转移的保障,确定最佳承接时机、评价和选择最佳入驻产业
产业支撑力	生产要素、消费需求、相关产业及政府职能等方面的支撑力	产业成功转移和承接的关键,支撑外来产业成功落户并良性发展
产业发展力	后发的技术创新能力、产业协调配套能力及市场开拓能力	产业转移和承接的目标,扩大产业规模、改善产业结构、融合外来产业

资料来源:根据展宝卫《产业转移承接力建设概论》和周江洪《论区际产业转移力构成要素与形成机理》整理而得。

二、移出地产业转移的推动因素

推动因素是促使产业离开现有区域转向其他区域的各种要素。若无推动因素,承接地产业承接的愿望将是徒劳的。结合前文所述产业转移和承接的不同动力,推动移出地产业转移的因素及其主要影响如表1-5所示。

---

[1]　此概念包含了产业吸引力、产业选择力、产业支撑力和产业发展力四方面内容。
[2]　展宝卫:《产业转移承接力建设概论》,泰山出版社2006年版。

表1-5 移出地产业转移的推动因素

产业转移类型	主要推动要素	主要影响
成本导向型	移出地要素成本的上升	相关产业为寻找更低生产成本而移出,并为当地其他产业发展腾出空间
市场导向型	本地市场吸引力下降和拓展市场的需要,以及与此相关的要素禀赋差异、产业结构调整与升级	充分发挥市场机制作用,推动要素流动到报酬更高的地方;顺应产业和区域发展生命周期,移出相关产业
规模导向型	规模不经济和产业聚集不经济	集聚企业的边际成本升高,边际收益下降,进而影响集聚的相对稳定性
政策导向型	国家层面的宏观政策、移出地经济发展的战略及其政策导向	通过产业移出实现区域内健康发展;通过合理制定区域发展规划实现区域间协调发展

对于成本导向型的产业转移而言,前已述及,移出地要素成本的上升是此类产业转移的主要推动因素,尤其使得劳动密集型产业更容易丧失成本优势。相关产业在移出地失去发展潜力,进而为寻找更低生产成本而移出,为当地其他产业的发展腾出空间。这一方面有助于该产业在其他地区寻找到丰富的各类要素,重新进行低成本运营,另一方面也有助于移出地的产业结构调整和升级。

对于市场导向型的产业转移而言,本地市场吸引力的下降及其向外拓展市场的需要是主要的推动因素。就与此相关的要素禀赋差异来讲,一般地,产业移出地与承接地往往对应于发达地区和欠发达地区。[1] 要素禀赋的差异是两类地区的重要差异。发达地区往往资本相对充裕而欠发达地区则劳动力相对丰富,发达地区的平均资本—劳动比率高于欠发达地区。市场机制作用下的要素逐利,必然使得低资本—劳动比率产业的要素流向高资本—劳动比率产业,进一步地,发达地区的低资本—劳动比率产业丧失其比较优势,而欠发达地区该类产

---

① 发达省份内部的产业转移和承接亦然。虽然从总体而言某地是发达地区,但其省内的产业转移和承接也同样是发生于其发达区域与欠发达区域之间。

业的比较优势则逐渐增强。故此,欠发达地区将承接发达地区已丧失比较优势的产业,并将其新增的资本和劳动力配置于此。显然,要素禀赋的差异以及由经济发展所引致的要素供给结构的变化是推动相关产业由发达地区移往欠发达地区的重要动力。产业结构的优化升级与产业的区域转移实质是同一问题的两个方面。全球经济一体化和国内经济的协调发展,要求产业结构不断合理化和高度化,产业的国际转移是可选的途径之一。对于一国内部甚至一省内部的产业转移与承接,亦是同样道理,即区域经济一体化和区内经济协调发展的要求。换言之,产业结构调整与升级的基本表现形式即为产业的空间转移。

对于规模导向型的产业转移而言,主要表现为规模不经济和产业聚集不经济作用的结果。产业聚集不经济对产业转移的推动,主要在于过度聚集所引致的边际成本上升和边际收益下降,进而影响集聚的相对稳定性。[1] 当企业和产业集聚到一定程度,规模扩张导致要素价格上涨,聚集不经济所表现出的拥挤成本、日益剧烈的竞争和知识征用导致集聚规模下降,大量企业关闭或外迁,外迁企业寻找其他低成本的集聚区。[2] 另一方面,产业聚集不经济表现为经济学意义上的负外部性,亦即一些相互排斥或缺乏联系的工业行业或企业由于空间聚集反而带来效益或效用的减少,从而构成某些产业与居民之间空间集中的排斥力与约束力,最终构成产业外迁的强大推动力量。[3]

政策因素主要表现为国家的宏观决策和地方政府的政策安排在产业转移和承接中的重要作用。从移出地产业转移推动力的视角考察,

---

① 陈甬军、徐强:《产业集聚的稳定性与演变机制研究》,《东南学术》2003 年第 5 期。

② 前已述及,从承接地的视角来看,此类低成本集聚区所产生的集聚吸引力,是其产业承接的主要拉动力量。

③ 以佛山禅城区的陶瓷产业集聚为例,由于生产地与居住地的空间集中,虽然节约了居民上下班的通勤时间和成本,但机器噪声、粉尘、排污严重的工厂却给居民造成了种种危害,并进而成为相关企业外迁的主要原因。参见李松志:《基于集群理论的佛山禅城陶瓷产业转移时空演替机理研究》,《人文地理》2009 年第 1 期。

产业政策作为地方政府干预经济生活的一种积极措施,可通过产业移出实现区域内健康发展,通过合理制定区域发展规划实现区域间协调发展。一方面,以优化产业结构为目标,当地政府在鼓励和扶持新的主导产业和支柱产业发展的同时,通过相关政策并利用金融、税收等手段限制衰退性产业发展,或出台一些措施引导其向区外转移;另一方面,通过产业政策引导企业形成正确的市场预期,并促其拓展有利的发展空间。

三、产业转移与承接的推拉模型

综上所述,承接地能否顺利接受移出地的产业转移,关键在于推拉力和阻力的大小比较。换言之,在于净推力和净拉力所形成的承接合力的大小(见图1-3)。当承接地的净拉力与移出地的净推力之和即

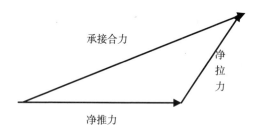

图 1-3　简单推拉模型

承接合力大于 0 时,产业的转移和承接才可能发生①。

产业转移与承接的简单推拉模型仅是给出了承接地产业承接的条件和影响因素,由于影响因素的复杂性及作用力的方向性,简单的加总合力显然无法有效反映产业转移与承接的过程,以及此过程中关键性企业的决策。为弥补此不足,构建产业转移与承接的综合推拉模型如

① 本部分的因素分析及简单的推拉模型仅是给出了承接地产业承接的条件和影响因素,而无法进一步阐释承接的方式、途径及过程。各影响因素之间相互联系、相互制约的耦合关系将在后文再做说明。

图1-4所示。

图1-4　产业转移与承接的综合推拉模型

图1-4综合反映了移出地和承接地的推力、拉力、阻力和斥力等不同方向和程度的作用力及其之间的相互作用,以及这种作用对两地关键性企业做出转移与承接决策的影响。当产业移出地的推力较弱且产业承接地的拉力也较弱时[①],相关企业将做出驻留本地的决策。就承接地而言,较弱的净拉力也使其拒绝承接。进而,在前述各种因素作用下,产业移出地的推力由弱转强、阻力由强转弱,而承接地的拉力仍然较弱(且斥力仍然较强)时,移出地和承接地都将做出等待时机、不断观望的决策。就移出地而言,主要是由于承接地较弱的净拉力弱化了其转出的动机,同时加剧了企业该往何处转的迷茫;就承接地而言,前已述及,薄弱的基础设施等软硬件条件,使其尚不具备主动承接的条件,故而也处于等待、观望阶段。

相反地,若是产业移出地的推力较弱(阻力较强)且承接地的拉力较强(斥力较弱)时,无论产业移出地或是承接地也都将做出等待时机、不断观望的决策。之所以如此,主要在于,虽然产业承接地有较强的承接愿望及较好的软硬件条件,但是,移出地的产业仍然处于较好的发展阶段,较强的产业关联效应、集聚效应,以及当地政府的制度创新

①　此时刚好对应着移出地阻力强且承接地斥力也强的时期,反映了产业转移的净推力较小而承接地的净拉力也较小的状态。

对相关企业和产业产生了强大的区位锁定,故而,此阶段的移出地和承接地都处于等待时机、不断观望的状态。进一步地,随着移出地推力和承接地拉力的不断由弱变强,以及移出地阻力和承接地斥力的不断由强变弱,移出地产业发展过程中的各种不良效应不断显现,而承接地也具备了各种承接的条件,因而,移出地的产业开始迁移他地而承接地也开始其产业的主动承接。各种力量的对比渐趋平衡,同时,相关企业的区位选择也开始进入新一阶段的均衡。

四、产业转移与承接的动力耦合

无疑,产业转移与承接的过程,是各类要素共同发挥作用的过程。图1-5所示相关动力因素的耦合,有助于更进一步阐明产业转移的主体、载体、路径,以及产业转移与承接过程对经济可持续增长和区域协调发展的影响。

首先,对于产业移出地 A 而言,作为转移的主体,区内企业迁移与否的决策主要取决于其成本和收益的对比分析。相关企业在土地、劳动力、资本、技术及政府政策等因素作用之下,形成最初的区位均衡。无疑,作为具有逐利特征的企业将尽可能地追求更多利润。生产规模的扩张(即企业对规模经济效应的追求)或生产范围的扩大(即企业对范围经济效应的追求)是其实现这一追求的基本形式。但是,由于企业生产过程中所需各种要素最终都将受到空间的影响,企业在原有生产地点上的规模扩张和范围扩张迟早会遇到阻力,因而,其生产地点的转移将成为必然。当然,A 地企业在根植效应、路径依赖和集聚效应的作用之下,依然存在一股阻止其移出的所谓"区位锁定"的力量。但是,要素成本的上升、资本流动性增强、技术失去竞争力,以及由此引发的产业竞争力下降、聚集不经济,加之移出地自身产业结构升级的要求和产业生命周期的内在更替都将促使相关产业做出移出 A 地的决策。

其次,对于产业承接地 B 而言,一般是经济发展水平较低的地区。

有效的产业承接不仅有助于其资本不断积累,生产要素合理配置,促使相关企业和产业享受要素流动过程中的技术溢出、集群效应和关联带动,而且将进一步促进当地的经济发展,进一步改善产业承接的环境与条件。反过来,承接地承接环境的改善及市场机制作用下的需求要素扩展,辅之以政府相关政策,又将通过城市化这一路径和产业结构的调整优化促进经济可持续增长和区域协调发展。就技术的溢出来看,一方面,有助于承接地利用后发优势,通过消化和吸收转移产业所包含的先进技术,促进本地企业和产业技术创新;另一方面,围绕所承接产业快速的增长契机,带动相关产业的技术进步和快速增长,从而推动本地产业结构不断调整和优化。

最后,经济的可持续增长和区域间的协调发展是产业转移与承接的最终目的。产业移出地企业由最初的区位均衡及各种要素作用下的区位锁定,到区位失衡并最终移向承接地的过程中,政府这只"看得见的手"保证了市场行为的充分有效,在此基础上,以生产要素为载体,依靠城市化路径,推动产业不断转移。而承接地对承接来的产业要充分考虑资本积累和技术溢出是否有助于合理配置相关资源,产业集聚效应和政策作用是否有助于优化其产业结构,通过大力开拓市场、加强要素积累、享受技术溢出、发挥关联带动等途径,充分发挥产业之间纵向传递与横向互动及区域之间的整合协调,以最终促进整体经济的可持续增长和区域协调发展。

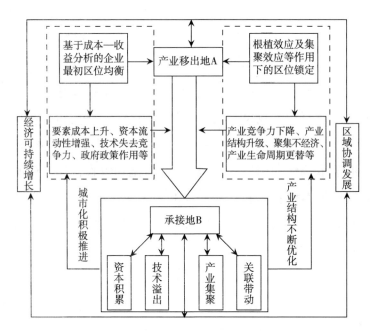

图1-5　产业转移与承接的动力耦合

第二章　西部地区承接产业转移的现状与问题

当前,国际国内产业分工深刻调整,许多国家特别是发达国家在全球范围内进行产业结构的调整和升级,形成了新一轮国际产业转移浪潮。我国东部沿海地区产业向西部地区的产业转移步伐也同时加快。作为承接国内外产业转移的重要地区,近几年,西部地区在产业承接和利用内外资方面虽然取得了较大进展,并表现出承接规模不断扩大、承接层次不断提升、承接模式不断优化、承接示范区稳步推进等特点,但是不可否认,西部地区承接产业转移的能力总体较低,基础设施落后、产业链条较短、市场规模狭小、高素质劳动力匮乏以及政府服务意识淡薄等因素阻碍了相关产业的大规模移入,承接过程中仍然存在政府职能过度让渡、重"承接"轻"对接"、产业结构失衡、环境破坏严重等一系列问题。

第一节　西部地区经济发展概况

根据国家统计局的地区划分,西部地区包括内蒙古、广西、重庆、四川、贵州、云南、西藏、陕西、甘肃、青海、宁夏、新疆12个省(区、市),占全国国土面积的71.4%,全国人口的26.9%。该地区是我国的资源富集区,矿产、土地、水等资源十分丰富,经过多年的西部大开发,西部经济得以持续增长、质量稳步提高,投资环境不断改善,对外开放水平显著提高。

一、经济持续增长

2000 年以来,西部地区经济不仅增长速度快,而且持续的时间长,增长质量稳定提高。2000—2012 年间,西部地区 GDP 从 17276.41 亿元增加到 113904.8 亿元,年均增长 18.7%,高于全国 16.24% 的年均值,其中 2012 年西部各省份增长率均高于 7.8% 的全国平均水平(见图 2-1)。

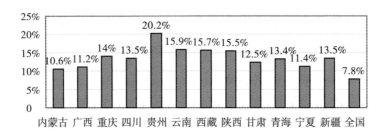

图 2-1　2012 年西部地区各省及全国 GDP 增长率

资料来源:中国国家统计局,http://www.stats.gov.cn/。

伴随着经济的快速发展,西部地区经济总量在全国 GDP 中的占比由 17.41% 上升到 21.93%,与东部地区的差距有所缩小(如表 2-1 所示)。

表 2-1　2000—2012 年西部地区国内生产总值占全国比重

年　份	西部地区(亿元)	全国(亿元)	比重(%)
2000	17276.41	99214.55	17.41
2001	18939.40	109655.17	17.27
2002	20956.71	120332.69	17.42
2003	23975.21	135822.76	17.65
2004	26736.11	159878.34	16.72
2005	34086.72	184937.37	18.43

续表

年　份	西部地区（亿元）	全国（亿元）	比重（%）
2006	40346.38	216314.43	18.65
2007	49184.06	265810.31	18.50
2008	60447.77	314045.43	19.25
2009	66973.48	340902.81	19.65
2010	81408.49	401512.80	20.28
2011	100234.96	473104.05	21.19
2012	113904.80	519470.10	21.93

资料来源：中国国家统计局,http://www.stats.gov.cn/。

　　随着中国经济发展由粗放型和数量型向集约型和质量型转变,中国西部经济在保持高速增长的同时,也十分注重经济发展质量的提升。《中国西部经济发展报告(2013)》选取了西部地区2000—2011年的相关数据,从有效性、协调性、稳定性、可持续性、创新性、成果共享性六个方面,对西部地区经济增长质量进行了总体评价与分析,认为西部地区经过多年的快速发展,社会经济的发展不仅表现为数量的增长,还更加突出地表现为质量的提高。

二、投资环境不断改善

　　"十二五"时期,国家区域经济布局逐步明确,西部地区面临着国际国内的广泛竞争。在此背景下,西部经济实现长期高速增长,整个社会经济得到了长足发展,投资环境亦有了巨大改善。2000年以来,西部地区固定资产投资特别是基础产业和基础设施投资快速增长,一大批重点建设项目建成投产,交通、通信、能源等基础产业和基础设施得到加强,经济增长后劲明显增强。

　　如图2-2所示,2012年西部地区全社会固定资产投资完成89008.59亿元,比2000年增加了82897.87亿元。此期间投资总和达到422915.68亿元,年平均增长25%,投资规模之大、增速之快为史上所少有。

（单位：亿元）

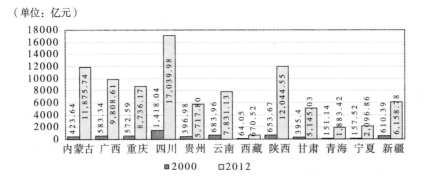

图 2-2　西部地区全社会固定资产投资

资料来源：中国国家统计局，http://www.stats.gov.cn/。

2000—2012 年间，西部地区初步形成了综合交通运输网络：实施国家高速公路网西部路段项目，推进"油路到乡"和"公路到村"建设工程，新增公路通车里程 113.18 万公里（见图 2-3），重点城市群内基本建成 2 小时交通圈，基本实现乡乡通油路，村村通公路；铁路建设方面实施了通达珠三角与环渤海地区通道、西北与西南地区通道和沿边境对外国际运输通道以及大型铁路枢纽建设等重大工程，新增铁路营业里程 1.54 万公里（见图 2-4），青藏铁路的通车填补了我国唯一不通铁路省区的空白；12 个干线机场和 30 个支线机场实施了大规模改扩建，新建 21 个支线机场，缩短了西部与其他地区的距离；2012 年电话普及率达到 117.5 部/百人，互联网普及率达到 38.9%，通信基础设施进一步完善。

三、对外开放水平显著提高

西部大开发战略的实施，正处于中国加入世界贸易组织过渡期，西部地区对外开放的深度和广度得到进一步拓展。2012 年，西部地区进出口总额达到 2364 亿美元，相比 2000 年的 171.66 亿美元，年均增长 24.43%，在全国三大区域中最高。其中，出口 1487.4 亿美元，年均增

（单位：万公里）

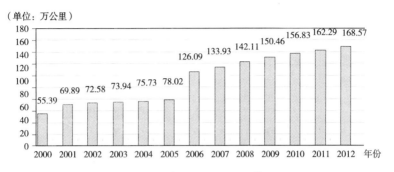

图 2-3　西部地区公路里程情况

（单位：万公里）

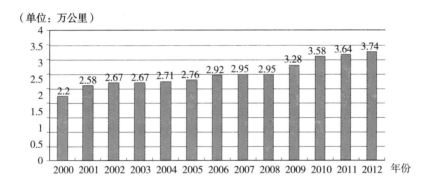

图 2-4　西部地区铁路营业里程情况

资料来源：中国国家统计局，http://www.stats.gov.cn/。

长 25.31%；进口 876.6 亿美元，年均增长 23.1%；贸易顺差持续大幅增加，由 2000 年的 26.87 亿美元增加到 2012 年的 610.77 亿美元（见图 2-5）。与此同时，西部地区进出口占全国的比重也日益提高，从 2000 年的 3.62% 上升到了 2012 年的 6.11%（见图 2-6）。

第二节　西部地区承接产业转移的现状和特点

由前所述，西部地区正处于工业化加速发展时期，技术进步的动力、结构优化的动力、市场化可持续发展的动力因与其他地区的落差和

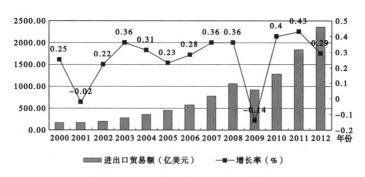

图 2-5　2000—2012 年西部地区对外贸易发展情况

资料来源:中国国家统计局,http://www.states.gov.cn/。

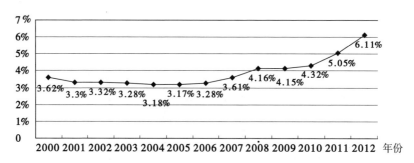

图 2-6　2000—2012 年西部地区进出口占全国比重

资料来源:中国国家统计局,http://www.stats.gov.cn/。

东西合作正在逐步增强,这是支撑经济市场化和经济效率提高的内在要素,也是维持西部经济在较长时间内增速高于其他地区的不可逆转的持续力量。在这一过程中,经济结构的优化和发展方式的转变是其核心内容,而承接国内外产业转移正成为西部地区发展的重要契机和区域协调发展的强劲动力。目前,通过积极承接国内外产业转移,西部地区的电子、汽摩、航空航天、医药制造、现代农业等高端产业和服务外包等新兴业态初具规模,在一些领域甚至开始与东部地区实现同步发展。[1]

---

　　[1]　陈栋生:《东西互动、产业转移是实现区域协调发展的重要途径》,《珠江经济》2008 年第 4 期,第 20—21 页。

一、西部地区承接国际产业转移概况

第二次世界大战后全球经济的重要标志是不同地区的经济发展和差异动态变化,形成跨国跨区产业转移的一次又一次浪潮。从前三次国际产业转移的全球经济效果来看,产业转移推动了资本、技术、劳动力等要素在空间的流动和重新配置,合理地承接国际产业转移能够很好地带动承接产业转移地区的经济快速发展。20世纪90年代特别是进入21世纪后,全球国际直接投资发展迅速,为国际产业的第四次全球转移提供了强大的推动力。2008年全球金融危机爆发,发达国家面临巨大的经济困难,许多企业大量将产业转移到国外相对具有比较优势的欠发达地区,进一步推动了第四次国际产业转移更大规模的演进,给西部地区承接国际产业转移带来了不可多得的历史机遇(见表2-2)。

表2-2　1991—2011年全球FDI流动情况

(单位:亿美元)

年　　份	流入额	流出额	流动总额
1991—1999(平均值)	4242.80	4384.90	8627.70
2000	14005.41	12266.33	26271.74
2001	8276.17	7476.57	15752.74
2002	6279.75	5284.96	11564.71
2003	5869.56	5706.79	11576.35
2004	7443.29	9257.16	16700.45
2005	9807.27	8885.61	18692.88
2006	14633.51	14150.94	28784.45
2007	19755.37	21980.25	41735.62
2008	17907.06	19693.36	37600.42
2009	11978.24	11751.08	23729.32
2010	13090.01	14513.65	27603.66
2011	15244.22	16943.96	32188.18

资料来源:联合国贸发会议《世界投资报告2012》。

从国际产业转移的趋势和特点来看,制造业的全球分工体系已经确立,日、韩等东亚国家成为零部件的主要供应商,中国则是加工组装基地,欧美是技术研发、设计和最终产品需求市场,共同构成全球生产网络体系。中国作为"金砖五国"之一,经济增长稳定、国内市场庞大、劳动力成本低及国内市场开放等条件,特别受到跨国公司的青睐,成为最受欢迎的跨国公司投资国。从图2-7可以看出,自2001年至全球金融危机全面爆发之前,跨国公司投向中国的FDI连年增加,保持平均19.66%的增长速度;2008年全球金融危机爆发后,FDI总量有所减少,但跌幅只有16.8%,远低于38.7%的全球水平,之后中国吸引的FDI继续增加,说明在世界经济大幅波动时期,中国仍是跨国公司对外直接投资的主选地,成为第四次国际产业转移的主要承接国。

（单位：亿美元）

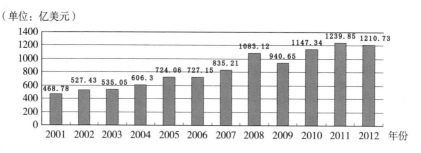

图2-7　中国吸引外商直接投资

资料来源:《中国外资统计2013》,商务部中国投资指南网,www.fdi.gdv.cn。

西部地区除了拥有大量的自然资源、相对低廉的成本,以及比较完善的基础设施等之外,正在新的国家统一规划下进行合理的产业布局与重点发展,这成为近年来外商热衷投资的重要原因。2013年西部地区利用外资增速为7%,高于全国平均水平。2013年6月6日至8日,主题为"中国的新未来"的《财富》全球论坛在成都举办,这是财富论坛首次在中国西部城市举办,表明跨国公司已开始将目光投注于西部地区。近年来,西部地区承接国际产业转移的方式以独资为主,规模稳步增长,层次明显提高,空间极化效应显著。

（一）吸引外资能力持续加强，结构不断变化

表2-3显示，2012年西部地区实际使用外资99.16亿美元，是2006年的3.3倍。自2000年以来，西部地区实际利用外商直接投资平均增速为17.24%，高于全国8.14%的平均水平，2008年增速更是高达55.36%。特别是2009年受国际金融危机影响，东中部地区实际利用外资增速分别下滑0.96%和28.26%，而西部地区仍保持7.41%的增速，表明西部地区承接产业转移优势明显。

表2-3 中国东部、中部、西部地区外商直接投资情况

（单位：亿美元）

年份\地区	2006	2007	2008	2009	2010	2011	2012
东部地区	595.29	663.55	783.40	775.89	898.55	966.04	925.13
中部地区	60.22	65.73	74.36	53.35	68.58	78.36	92.87
西部地区	29.94	33.74	66.19	71.09	90.22	115.71	99.16

资料来源：商务部中国投资指南网，www.fdi.gdv.cn。

可以看出，西部大开发战略实施以来，西部地区在吸引外资方面的能力不断加强，不仅绝对数额度有较大增加，从2006年的29.94亿美元增加到2012年的99.16亿美元，增幅高达231%（东部地区和中部地区增幅分别为55.4%和54.2%），而且吸引的外资占全国的比重也在不断提高（见图2-8），从2004年的4.73%上涨到2012年的8.19%，同时从2007年开始所占比重的提高有加速的趋势。2010年第二轮西部大开发启动，可以预见，西部地区将迎来新一轮以国家政策为坚实后盾的发展新机遇，吸引外资的增速会明显加快。

此外，近年来我国吸引外资的产业结构有了较大的变化，第三产业的比重迅速上升。2008年我国第二、三产业实际使用外资的比重分别为49.17%和49.73%，基本上平分秋色，2011年、2012年第三产业吸收外资的比重上升至50%以上（如图2-9）。

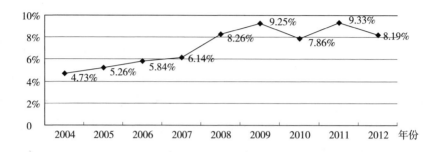

图 2-8　西部地区吸引外资占全国比重

资料来源:商务部中国投资指南网,www.fdi.gdv.cn。

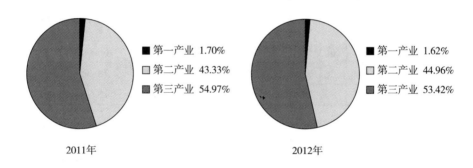

2011年　　　　　　　　　2012年

图 2-9　2011 年、2012 年中国吸引外资产业结构分布情况

资料来源:商务部中国投资指南网,www.fdi.gdv.cn。

(二)承接层次明显提高,承接方式以独资为主

近年来,西部地区承接国际产业转移的层次逐渐提高,促进了产业结构优化和升级。以四川省为例,1998—2009 年,四川省引进外资从以第二产业为主逐渐转向第三产业:1998 年第二产业引进外资总额占比高达75.5%,第三产业仅为22.6%;到2007 年,第二产业引资数量显著下降到41.72%,第三产业快速上升到55.94%;2009 年第三产业利用外资占比高达64.7%。值得注意的是,服务业逐渐成为四川省承接产业转移的新领域。在此期间,批发零售、贸易、餐饮等传统服务业利用外资占比增加了8.87 个百分点,生产性服务业比重上升,租赁和商

务服务业、信息传输、计算机服务和软件业均实现了零的突破。[①] 但从总体来看,西部地区由于地理位置、物质与人文环境均不能与东中部相比,其比较优势主要集中在丰富的自然资源方面,因此外资主要投向第二产业,尤其是资源密集型产业。

从具体的行业结构看,房地产业和制造业一直是西部地区外商投资的重点领域。如表2-4所示,2002—2012年,房地产业和制造业的外商投资占西部地区实际利用外资金额的比重分别为40.5%、31.5%,合计高达72%,而城市公用事业、教育卫生、金融、社会中介等服务行业投资明显不足。尤其是公共基础设施项目,近些年巨额的政府性资本投入对外资产生了明显的"挤出效应",也说明西部地区产业发展的内生机制尚未完善。

表2-4　2002—2012年西部地区外商投资行业分布

行　　业	项目个数		实际利用外资	
	个数(个)	比重(%)	金额(万美元)	比重(%)
总计	15550	100	5413213	100
农、林、牧、渔业	1032	6.6	111561	2.1
采矿业	397	2.6	118542	2.2
制造业	6412	41.2	1708671	31.5
电力、燃气及水的生产和供应业	463	3.0	215992	4.0
建筑业	277	1.8	67419	1.2
交通运输、仓储和邮政业	230	1.5	131329	2.4
信息传输、计算机服务和软件业	545	3.5	88056	1.6
批发和零售业	1571	10.1	187902	3.5
住宿和餐饮业	604637	3.9	60043	1.1
金融业	67	0.4	56026	1.0

① 郭丽娟、邓玲:《我国西部地区承接产业转移存在的问题及对策》,《经济纵横》2013年第8期,第72—76页。

行　　业	项目个数		实际利用外资	
	个数(个)	比重(%)	金额(万美元)	比重(%)
房地产业	1140	7.3	2198463	40.5
租赁和商务服务业	1591	10.2	257973	4.8
科学研究、技术服务和地质勘查业	289	1.9	66309	1.2
水利、环境和公共设施管理业	164	1.1	53065	1.0
居民服务和其他服务业	568	3.7	73961	1.4
教育	34	0.2	7056	0.1
卫生、社会保障和社会福利业	22	0.1	9835	0.2
文化、体育和娱乐业	142	0.9	10990	0.2
公共管理和社会组织	2	0.0	20	0.0

资料来源:商务部中国投资指南网,www.fdi.gdv.cn。

　　另外,第二轮西部大开发的战略目标之一就是在西部地区基本形成现代产业体系,把西部地区建设成战略性新兴产业基地,遏制对生态环境的破坏趋势,而这一战略目标对西部地区服务业的快速发展提出了要求。因此,随着国家逐步放宽金融、保险、商业等对外商投资的限制,未来西部地区将会加大对外来产业的承接力度,特别是加强第三产业对外资的吸引力。2009 年,壳牌石油公司在西安市与陕西省两家公司签订了一份总投资达 1.4 亿美元的合同,并决定投资 6600万美元进入中国现代服务业;新加坡上市公司海皇集团属下的美皇集团也将上海的业务迁至重庆两江新区,并在当地建设其全球服务中心。

　　从实际利用外资金额来看,2002—2012 年间西部地区承接国际产业转移主要以外资形式为主,占比 67.1%,以中外合资企业形式投资占比为 26.8%(见表 2-5)。西部地区外资企业比重高于中部地区,中外合资企业比重则低于中部地区。

表 2-5　2002—2012 年西部地区外商投资企业类型

投资方式	项目个数		实际利用外资	
	个数(个)	比重(%)	金额(万美元)	比重(%)
总计	16806	100	5762959	100
中外合资企业	6163	36.7	1544197	26.8
中外合作企业	1191	7.1	225967	3.9
外资企业	9393	55.9	3865725	67.1
外商投资股份制企业	59	0.4	127070	2.2

资料来源:商务部中国投资指南网,www.fdi.gdv.cn。

(三)承接产业转移的空间极化效应显著

由于西部地区经济社会发展水平的不平衡性,虽然总体上承接国际产业转移上了新台阶,但从地区空间分布来看很不均衡,主要承接地为经济发展水平相对较高、市场规模较大、区位优势明显、科技智力资源相对丰富的相关省份,在省域内也呈现出在经济发达核心区集中布点的特征,具有高度的聚集性。表 2-6 显示,2002—2012 年以来,西部地区中承接国际产业转移的主要以西南地区(包括重庆、四川、云南、贵州和西藏)为主,占到了 50% 以上,而西北地区(包括陕西、甘肃、青海、宁夏和新疆)则仅有 20.98%。若按个体来看,西部地区承接产业转移总量居前五位的省区市分别是四川、重庆、内蒙古、陕西、广西,总体排名变动不大,五省区市利用外资总量占西部地区的比重一直占 80% 以上,2011 年接近 90%。可见,西部地区部分省区市承接产业转移的空间极化效应明显,国际资本高度集中于综合实力较强的少数区域性中心城市。如 2010 年,四川省实际利用外商直接投资总额的 82% 集中在成都市,重庆市 1 小时经济圈实际利用外资占全市比重接近 90%,进一步加剧了西部地区内部发展不平衡。

表 2-6 2002—2012 年西部地区外商投资分布

地　区	外商投资企业投资总额(百万美元)	比重(%)
内蒙古	182377	11.91
广　西	230272	15.03
西南地区	797715	52.08
西北地区	321410	20.98

资料来源:商务部中国投资指南网,www.fdi.gdv.cn。

二、西部地区承接东部产业转移的特点

近年来,随着我国东部地区经济高速发展,产业结构调整、优化、升级已经成为必然要求,再加上土地、劳动力等生产要素供给趋紧、产业升级压力增大、企业商务成本不断提高、资源环境约束矛盾日益突出等问题,东部地区加工工业向中西部地区转移的趋势日益明显。加之"十一五"期间,我国通过对口支援、开发区异地合作、设立"产业转移促进中心"等形式,区域间合作机制日趋完善,促进了产业梯度转移,产业转移规模越来越大。2010 年,仅广东、上海、浙江、福建四省市转出的产业产值就达 14000 亿元左右。

(一)承接产业转移的规模明显扩大

"十一五"期间,东产西进的趋势非常明显,西部地区抓紧时机,承接了富士康、伟创等一批从东南沿海转移过来的企业。从 2000 年到 2011 年,西部地区吸引省外境内投资的金额呈现不断增长趋势。2000 年西部地区实际利用省外境内资金为 483 亿元,2011 年达到 31754 亿元,比 2000 年增长了 65 倍。重庆、甘肃、广西、宁夏是吸引省外境内投资增长最快的四个省(区市),2011 年比 2000 年分别增长了 114 倍、247 倍、117 倍、131 倍,西藏、陕西、云南、四川、贵州的增长倍数也都在 50 倍以上。[1]

---

[1]　数据来源:本章数据除特别注明外,均根据国家、各省市自治区历年统计年鉴,各省商务厅、招商局网站,地方国民经济统计公报计算。

其中,重庆 2009—2011 年实际利用内资三年分别迈上 1000 亿、2000 亿和 4000 亿元台阶,2011 年达到 4920 亿元,年均增速超过 80%;四川 2007—2011 年实际利用内资每年也以超千亿元的规模递增,2011 年达到 7083 亿元,年均增长 37%;宁夏承接长三角和珠三角产业转移的资金由 2007 年的 24 亿元扩大到 2011 年的 277 亿元,四年翻了三番多;云南"十一五"期间实际利用内资超过 4000 亿元,是"十五"的 7.79 倍,2012 年共签订、实施国内合作项目 7695 个,引进省外到位资金 2560.10 亿元,同比增长 43.01%;甘肃省 2012 年实施承接产业转移项目 920 项,项目总投资 3330 亿元,累计引进资金到位额 1370 亿元,资金到位率 40%,其中建成投产 212 项;新疆维吾尔自治区 2012 年的区外到位资金 2763.50 亿元,比 2011 年增长 40.82%。

总体来看,西部地区总体上承接国际产业转移的规模增速快于承接国内产业转移的规模增速,但就绝对规模而言,2009 年西部地区承接国内产业转移的规模总额是承接国际产业转移规模总额的 15.5 倍,2010 年为 15 倍,2011 年为 14.46 倍,表明近年及今后一段时期内西部地区承接产业转移仍将绝对以承接国内转移为主。

在此情形下,西部地区承接东部产业转移已初见成效,2010 年该地区加工贸易进出口快速增长,达到 207.8 亿美元,比上一年增长 54.8%,高出全国加工贸易进出口总体增幅 27.5 个百分点。

(二)承接产业转移的层次有所提升

从东部产业转移流向不难看出,其承载地选择主要有四个方面:一是向资源丰富、区位优势突出的区域转移;二是向劳动力丰富、运行成本较低的区域转移;三是向政府支持力度大、投资环境好的区域转移;四是向有产业特色和配套产业的区域转移。西部地区在前三个方面都有突出的优势,因此东部向西部地区转移的产业从传统的加工制造业到汽车、装备制造等重型工业,再到电子信息、服务贸易等,但主要还是以加工制造业为主,尤其是劳动密集型加工工业转移的势头强劲,其次对资源能源依赖较强的上游产业转移趋势也较明显。

从西部承接产业转移开始,业内专家就一直提醒"不要走东部发展的老路,不要将东部淘汰下来的落后产能搬到西部继续发展"。经过多年的发展,西部省份的观念已经有了很大转变,从《产业转移指导目录(2012年本)》可以看出,一些西部省份在优先承接的化工项目上已经倾向清洁生产、循环经济等产业和一些绿色产品项目。因此,近年来西部地区从东部地区承接的产业层次开始逐步提升,由以纺织、服装为主的低层次劳动密集型产业向以机械、电子信息为主的资本密集型和技术密集型产业转变,由以能源、矿产资源采掘为主的初加工向资源精深加工转变,由小企业、小项目向大企业、大项目转变。英特尔、富士康、联想、一汽大众、格力电器、上海重工、北车集团等一大批电子、汽车、家电、装备制造大型企业落户重庆、四川、陕西等省市。2012年1—5月,西部地区高技术产业总产值增长40%,分别比中部和东部地区高出9个百分点和31个百分点。

(三)承接产业转移的模式向集群化发展

产业间分工背景下的产业转移,大多数转移的是产品的完整生产过程,通常一个企业可以独立完成,企业之间的依赖性不强,不存在明显的集群现象。如今,产品内分工条件下,产业转移的往往是某个环节,各个环节以最终产品为纽带,具有很强的协作依赖性和相互配套要求,单一环节的单独转移难以生存。故此,企业不得不"抱团"迁徙、集群转移,通过自我功能强化产生强大的向心力和集群效应。这也正是当前东部产业转移的一大特点:以龙头企业和大企业为核心,实行组团式或产业链整体转移。由于龙头企业和大企业社会化协作程度高,一家龙头企业和大企业投资往往会带动和引导一批相关行业的大量投资,形成龙头带配套、配套引龙头的良性发展格局。为顺应这一趋势,西部各地方在承接产业转移的实践中逐步开始从以往自发的、零星的、分散的、小规模的产业承接逐步呈现出了产业链式、产业集群式以及园区共建等多种有组织、有规划的承接方式。如重庆沿江承接产业转移示范区就规划了18条产业承接链。重庆璧山通过利用奥康的品牌影响力,带动其他鞋业企业和鞋业上下游企业,同时利用奥康先进的生产技术和管理经验,促进鞋业产业升级,打造"中国西部鞋都",开创了"一个产业、一个园区、一个龙头、一批品牌"的发展模式。甘肃省酒泉市引进的三新硅业高纯硅材料精细加工及综合利用项目,从采矿、高纯硅冶炼到硅材料精细加工,形成了一个上下游联动的产业链。新疆纺织业从"十一五"开始就大力引进浙江的棉纺企业投资建厂,华孚、雄峰、巨鹰、雅戈尔、金鹰、富丽达、维科、云森集团等纺织企业纷纷落地投产。据不完全统计,浙商在新疆纺织业的投资总额已达150亿元以上,超过矿产开发、农副产品加工等行业的投入,成为浙商在新疆投资总量最大的行业之一,推进了新疆纺织业的快速起步和发展。此外,重庆的笔记本电脑和摩托车制造、四川德阳的装备机械、甘肃的新能源装备、内蒙古的乳业、宁夏的马铃薯、陕西关中的煤炭化工、克拉玛依的石油化工等产业集群都已初具规模。

(四)产业承接示范区建设稳步推进

从实践来看,有产业特色和配套产业基础的地区最吸引东部企业转移。由于同类和相关产业高度集聚,具有整合优势、网络效应、相互学习、创新激励、知识溢出等内在机制,因而有产业特色和配套产业基础的地区具有稳定、持续的竞争优势。自2010年以来,国家发展改革委员会在西部地区先后批准设立了广西桂东、重庆沿江、甘肃兰白、四川广安、宁夏银川—石嘴山五个国家级承接产业转移示范区,成绩显著。

广西桂东示范区2010年10月设立,重点打造装备制造业、原材料产业、轻纺化工、高技术产业、现代农业、现代服务业六大产业的承接转移,至2012年承接东部产业转移项目3289个,投资额达2745亿元。重庆沿江示范区2011年1月设立,有选择地承接先进制造、电子信息、新材料、生物、化工、轻工、现代服务业七大产业,打造 18 条产业链;2011 年利用内资总额达到 1222 亿元,比上年增长了 92.6%,相当于"十一五"的总额。甘肃兰白经济区承接产业转移示范区 2013 年 3 月建成,产业承接方向和重点为装备制造业、能源原材料产业、高技术产业、轻纺工业、现代服务业五个方面;2014 年甘肃省签订承接产业转移合作项目 770 项,签约金额 3855 亿元,其中兰白经济区承接产业转移示范区共承接项目 256 项,投资额 1332 亿元。[①] 四川广安承接产业转移示范区 2013 年 3 月设立,装备制造、电子信息、新材料、新能源、生物、现代农业、资源开发加工、现代服务业等产业是其承接重点,当年就签约引进项目 864 个,到位资金 702.1 亿元、增长 27.2%,是广安设立示范区以来前 19 年总和的 1.6 倍。2011 年 9 月,宁夏银川承接产业转移(生态纺织)示范区成立,成为形成轻纺工业特色板块、承接东部产业转移的重要载体,承接产业转移项目 5 个,已投产项目 3 个,正在建设项目 2 个,合计总投资 5.8 亿元。在此基础上,2014 年 1 月设立了宁夏银川—石嘴山承接产业转移示范区,重点承接机械装备制造、化学工业、有色金属及新材料、建材、生态纺织、新能源、现代物流业、电子信息、生物医药、清真食品和穆斯林用品及特色农产品加工纺织业。

可见,西部地区只有培育产业集群环境,重点发展具有比较优势的特色产业集群,塑造专业化竞争优势,才能够吸引来适合本地区位特征的产业落户。

(五)承接产业转移的后发优势开始凸显

从国际贸易发展形势来看,当前服务贸易的份额正在迅速上升。由于服务贸易的竞争不再取决于物流运输的成本高低,而是取决于高端服务外包人才的多寡和信息通道的条件,类似陕西、四川等西部地区科技教育大省因其在科技、人才、信息基础设施等方面相对于东部沿海

---

① 参见《西部商报》2014 年 7 月 9 日。

诸多地区而具有发展服务贸易的后发优势。从国际产业转移趋势来看,跨国公司正逐步将设计、研发、高端微小制造等产品工序的高端环节向中国转移,在这些较少受制于物流运输的环节,除部分沿海明星城市外,以低端制造业加工贸易为特色的沿海地区竞争劣势开始显现,而陕西、四川、重庆这类信息产业配套基础良好、科技教育发达、高端人力资源丰富、员工生活成本低廉的内陆区域对跨国公司的吸引力迅速增加。2012年4月韩国三星10纳米级闪存芯片项目落户陕西西安,这是当今世界半导体行业最顶尖的技术,一期第一阶段投资就达70亿美元,成为改革开放以来引进最大外资单体项目,凸显了西部地区在外资西进中的优势。

第三节 西部地区承接产业转移的推拉力分解

目前,我国东部地区资本相对饱和、要素价格上涨、资源环境约束加剧等问题日益突出,产业结构转型升级的压力巨大,但这也是东部相关产业向外转移的有利时机。与东部地区要素成本上升、环保管制加强、结构亟待调整的现实压力相比,相关政策支持、丰富的自然资源、土地和劳动力成本优势等因素是西部地区拉动相关产业西移的有利条件。但是,落后的基础设施、较短的产业链条、狭小的市场规模以及高素质劳动力匮乏和政府服务意识淡薄等因素仍将是阻碍相关产业向西部地区大规模转移的限制性条件。

一、西部地区承接产业转移的拉力

(一)中央和地方的政策支持

近年来,中央和西部地区各省市区政府相继出台了相关产业转移指导意见鼓励和支持西部地区承接东部地区的产业转移。国务院2010年出台的《关于中西部地区产业承接指导意见》目的在于有序推动东部产业向西部地区转移,并对西部地区的产业承接给予相应的指导。商务部也曾先后批复三批加工贸易梯度转移重点承接地,并取得了一定成效。为更有效地承接相关产业,国务院还批复了广西桂东、重庆沿江等承接产业转移示范区,以使其按照统筹规划、合理布局的原则有选择地承接东部产业。

西部各省市区也出台了相应政策措施吸引区外产业移入。比如,甘肃省政府近年来出台了《关于加快开发积极承接产业转移的实施意见》、《甘肃省承接产业转移协调推进领导小组工作规划》、《甘肃省承接产业转移指导目录》等一系列关于产业承接的指导性文件和政策措施,目标指向环渤海经济圈、长三角经济圈、珠三角经济区、闽东南地区等5个产业"转出地",以积极吸引甘肃资源禀赋较好的能源、石油化工、矿产资源开采、有色金属加工等产业移入,充分发挥其在能源资源、原材料、劳动力、市场潜力等方面的比较优势,加速其新型工业化和城镇化进程,促进区域协调发展。[1]

(二)丰富的资源禀赋及成本优势

目前,我国东部地区不论是矿产资源、土地资源还是劳动力资源都相对紧张。

首先,矿产资源尤其是能源严重短缺,能源探明储量仅占全国的7.4%,主要矿产资源的已探明储量中,除石油和铁矿石外其他资源都比较贫乏。煤炭约占总储量的6.6%,天然气约占30%,铜矿约占7.7%,铝土矿约占19.7%,磷矿约占11.7%。

其次,经过改革开放三十多年的发展,东部地区的土地资源也相对紧张。叶玉瑶等人(2008)的研究表明,珠三角地区已经用完了71%的可开发土地,剩下的29%中也只有13%的土地可供利用[2],土地资源极

---

① 高云虹、梁志杰:《甘肃省产业承接的推拉力解析及对策思考》,《甘肃社会科学》2014年第2期,第184—187页。

② 叶玉瑶、李小彬、张虹鸥:《珠江三角洲建设用地开发利用极限研究》,《资源科学》2008年第5期,第683—687页。

为短缺,其他省份也存在这种现象。

最后,东部地区劳动力成本的快速上升也造成了企业生产成本的增加,且面临"用工荒"多年,给企业生产带来了巨大压力和困扰,成为相关产业尤其是劳动力密集型产业向西部地区转移的重要推动因素。表2-7为2008年至2012年东西部地区城镇单位就业人员平均工资对比情况,从中可以看出东部地区的劳动力成本要远大于西部地区,相关产业为寻找更低生产成本而移出。

表2-7　东西部地区城镇单位就业人员平均工资对比(2008—2012年)

（单位:元）

年份 地区	2008	2009	2010	2011	2012
东部地区	33743	37195	42357	48032	52952
西部地区	27283	30394	34206	38586	43293

资料来源:中国国家统计局,http://www.stats.gov.cn/。

相较而言,西部地区丰富的自然资源为其承接相关产业提供了坚实基础。其丰富的自然资源、低廉的劳动力等生产要素的低成本优势可以为那些在移出地失去发展潜力的产业提供丰富且低廉的要素及成长空间,有助于转入产业及企业有效降低生产成本,扩大盈利空间,增加企业产品在市场上的竞争力,进而带动相关地区经济发展。截至目前,西部地区已探明储量的矿产138种,天然气、煤、铜等27种矿产的探明储量占全国50%以上,钛、镁盐、汞、稀土、石棉、钾盐等矿产资源占全国已探明储量的90%以上。此外,西部地区还拥有丰富的石油、煤炭、天然气、太阳能与地热资源,已探明的煤炭储量占全国的51%,天然气占81%,石油占33%。有学者的研究也表明,目前我国95%的能源、80%以上的工业原材料都取自矿产资源。[1]

---

[1]　张文彬、宋焕斌:《21世纪矿业可持续发展问题与对策》,《昆明理工大学学报》1998年第2期,第11—19页。

　　同时,西部地区拥有丰富的土地资源,12个省区市面积681万平方公里,占全国总面积的71.4%,较低的土地价格及由此产生的低成本也是吸引相关产业移入的拉力因素。目前,东部地区工业生产与用地紧张的矛盾日益突出,尤其是"珠三角"和"长三角"等地可供开发的土地基本殆尽,土地价格飞涨,企业成本大幅增加,企业在本地的大规模扩张几无可能。在企业趋向于寻找较低土地成本而转移的大背景下,西部地区可以利用地域范围广阔、土地价格相对较低、未利用土地面积相对较大等优势,吸引东部地区对土地成本敏感或急需规模扩张的企业转移而来。

　　此外,西部地区还拥有丰富的劳动力资源。近年来,多种原因导致东部地区的劳动力流出迅速,用工荒现象严重,其原先以低劳动力成本为主的低成本优势不再是企业竞争的法宝。与之相对应,西部地区的劳动力资源及其成本优势逐渐凸显。2012年,西部地区总人口3.64亿,占全国总人口的26.9%,绝大多数省份的人口以农村人口为主,约占西部地区总人口的55%,四川、贵州、广西、重庆和陕西等省的劳务输出在全国排名靠前。在劳动力成本方面,2006—2012年,西部地区城镇单位就业人员平均工资为30952元,与此相对应,东部地区同一时间段城镇单位就业人员平均工资38292元,高出西部地区24%,西部地区的劳动力成本优势明显。① 同时,西部地区的人力资源状况也在不断改善。2012年,西部地区普通高等学校在校人数566万人,相比于2003年的235万人增加了140%;中等职业学校在校人数501万人,相比2005年的298万人增加了68%。② 丰富的劳动力资源、较大的劳动力成本优势,以及不断提高的劳动力素质,均成为西部地区承接东部产业转移的"拉力"之一。

　　近年来,西部地区政府为更好地承接东部地区的产业转移,加大了

---

① 根据国家统计局2013年公布数据整理得到。
② 根据第六次人口普查数据计算得到。

对基础设施建设的投资力度,努力为承接企业创建良好的投资环境。统计数据显示,2012 年,西部地区 12 省区市铁路总营业里程达到3.74 万公里,地处高寒冻土区的西藏也拥有铁路运营里程 500 公里。除此之外,西部地区的公路建设也十分迅速,截至 2012 年,已拥有公路里程 1230.71 万公里。互联网普及率也有较大提高,2012 年,各省份基本保持在 30%以上,最低的贵州为 28.6%,重庆、陕西、青海、宁夏和新疆均超过了 40%。基础设施的大幅改善以及政府行政效率、整体人力资源水平的提高减小了企业的转移成本,有效降低了企业的运输成本和贸易成本,为转入企业提供了良好的环境,成为西部地区吸引东部产业转移的重要条件,也是提高西部地区承接能力的必经之途。

(三)巨大的市场潜力及其吸引

新经济地理学认为,"本地市场效应"是决定企业区位选择的重要因素。在当今卖方市场中,消费者是企业争夺的焦点,因此市场规模成为企业选择区位的决定性因素之一。虽然相较于东部地区而言,西部地区目前的市场规模较小,其人口数量和密度、城镇居民可支配收入等方面均低于东部省市和全国水平,但是,西部地区的市场潜力巨大。西部地区内部厂商相对较少,对产品的需求较大,每年需要通过区际贸易购买大量商品以满足居民需求。2012 年,西部地区的货物与劳务净流出全部为负值(见表 2-8)。

表 2-8　2012 年西部地区部分省份对外需求状况

	内蒙古	广西	云南	贵州	陕西	新疆
货物与劳务净流出(亿元)	-3805.65	-4551.33	-4573.64	-1262.81	-1848.62	-2549.36
最终消费率(%)	39.3	50	61.2	57.7	44.2	56.8

资料来源:根据 2013 年国家统计局公布数据整理。

近年来,随着东部地区市场的趋于饱和以及国际金融危机所导致的外部需求萎缩,越来越多的东部企业将眼光放在了西部地区这个极具开放潜力的大市场,这为西部地区吸引东部产业转移起到了巨大推动作用。2009 年,江苏、浙江、广东三省工业增加值同比增长 7.8%、1.8%、4.5%,而西部的重庆、四川、内蒙古工业增加值同比增长 11.7%、14.6%、16%,西部地区经济发展受外部市场需求的影响较小。[①] 另外,随着国际金融危机的爆发以及资源、环境因素的制约,东部地区纷纷开始产业的结构性调整,以适应国际环境的新变化,这就要求一部分对成本变动较为敏感的企业选择向成本较低且市场广阔的西部地区转移。

从"十一五"开始,浙江的棉纺企业就已开始在西部地区投资建厂。以华孚、雄峰、巨鹰、雅戈尔、金鹰、富丽达、维科、云森集团等为代表的浙江纺织企业纷纷在新疆落地投产,推进了新疆纺织业的快速起步和发展。如浙江华孚集团分别在新疆石河子、阿瓦提、阿克苏、奎屯、五家渠等地建有棉纺生产企业,规模达到纺纱 41 万锭、染色 2 万吨,同时拥有 8 万亩棉田、11 条轧花厂生产线;浙江雄峰集团在石河子市投资 47 亿元建有 50 万锭国内领先水平的紧密纺生产线。据不完全统计,浙商在新疆纺织业的投资总额已达 150 亿元以上,超过矿产开发、农副产品加工等行业的投入,成为浙商在新疆投资总量最大的行业之一。

二、西部地区承接产业转移的阻力

尽管西部地区在承接产业转移的拉力方面具有一定优势,但与中部地区相比仍有明显差距。可见,相关产业是否选择最终落户西部地区,还取决于产业转移过程中承接地的阻力或斥力大小。

---

① 根据 2010 年《中国统计年鉴》计算得到。

（一）来自产业移出地的阻力

就移出地而言,关键性企业的"路径依赖"及其所引致的转移黏性使得相关企业和产业长时间滞留在原地而无法顺利移出。此外,劳动力的高流动性也阻碍着相关企业和产业向外转移。

同时,随着近年来产业升级的需要,东部地区各省政府都制定了相关政策积极引导本省企业进行产业升级,落后产业向不发达地区进行产业转移,以避免区域之间产业的同质竞争,促进产业结构调整和区域经济协调发展。广东省早在 2002 年就发布了《中共广东省委广东省人民政府关于加快山区发展的决定》,以推进珠三角地区的产业向粤北山区等相对落后的地区转移;2008 年又发布了《关于推进产业转移和劳动力转移的决定》与《广东省产业转移区域布局指导意见》,详细阐述广东省内产业转移和区域规划情况,希望通过新的区域规划,转出带动功能较弱或带动后劲不足的产业,将传统劳动密集型产业、资源型产业向珠三角的东西两翼和粤北山区转移。江苏省近年来陆续出台了《关于促进苏北地区加快发展的若干政策意见》、《关于加快南北产业转移的意见》、《关于鼓励苏南产业向苏北转移奖励政策有关实施办法》等政策文件,明确重大项目优先在苏北布点、土地指标优先用于产业转移项目、省级各类专项资金优先奖励到苏北的投资者。这些政策对深化东部省内发达地区与欠发达地区之间的联系、推动产业转移产生了越来越重要的作用,但短时期之内也将阻碍东部地区相关产业向西部地区大规模转移。

（二）西部地区自身的阻力

据国家统计局公布的数据显示,2012 年,西部地区 12 省市区交通运输网络密度水平较低,其中,铁路营运里程密度为 0.05 万公里/万平方公里,公路里程密度为 0.25 万公里/万平方公里,互联网宽带用户总数为 3598 万户,均低于东部地区。同时,西部地区在教育和卫生等公共设施方面的建设也都落后于东部地区(见表 2-9)。无疑,相对落后的基础设施,以及由此所造成的交通不便和较高的运输成本,都阻碍了东部企业向西部地区的转移。

表 2-9　2012 年东、西部地区教育、卫生基础设施比较

	高等院校数(所)	高等教育平均在校人数/每十万人	卫生机构人员(万人)	卫生机构(个)
东部地区	1067	2924	395	343064
西部地区	595	1968	237	300255

资料来源:根据 2013 年国家统计局公布数据整理。

　　同时,西部地区工业基础薄弱,缺乏大的产业集群和相关配套产业,产业价值链较短,企业难以实现规模经济,并影响其对相关产业的进一步承接。所谓规模经济,是指由于生产专业化水平的提高等原因,使企业长期平均成本随产量增加而递减的经济。规模经济需要众多的企业及产业集聚,从而使产业间分工更加深化、细化和专业化,加之相关配套企业为主导产业服务,进一步有效整合了上下游企业的关系,减少了中间产品投入,最终形成规模报酬递增的产业格局。如何有效利用产业集群的规模效应以吸引东部企业向西部转移是西部地区面临的重要难题。就现实情况来看,虽然西部地区近年来也形成了一定规模的产业集群,例如四川德阳的装备机械、重庆的摩托车制造、六盘水—攀枝花的煤炭—冶金、内蒙古的乳业、克拉玛依的石油化工、宁夏的马铃薯、陕西关中的煤炭化工、甘肃省的有色冶金等,但是,西部地区的产业集群主要是靠自然资源优势或者某种产品传统优势而形成的内生型集群。东部地区则除了内生型集群之外还有外向加工型与引导型产业集群。与东中部地区相比,西部地区的产业集群存在数量少、规模小、层次低、企业间缺乏有效的合作机制、同质企业较多、分工协作不合理、产业配套能力不强等诸多问题,同时缺乏将现有产业链进一步整合的公共服务平台,无法更好地提高产业集群效率,不利于对区外产业转移

的有效承接。

另一方面,东部地区拟将转出的企业中大部分属于出口企业。大量研究表明,开放程度、贸易成本、运输距离等因素是此类企业选址及集聚的重要依据。但是对于西部地区而言,由于其地处内陆远离沿海口岸的区位劣势,一定程度上成为推斥相关企业转入的重要因素。此外,还有学者利用全国各省 1988—2009 年的 GDP 数据分析认为,随着空间距离的扩大,经济增长的空间溢出效应越不显著。[①] 可见,西部地区的空间地理位置决定了各省市区无法像中部地区一样充分分享东部经济发展所带来的空间溢出好处,也成为推斥相关企业和产业转入的原因。

此外,承接地区域发展环境尤其是软环境也可能对其有效承接其他地区的产业转移产生影响。有学者从软环境视角分析了承接地对转移产业进行承接的阻力,并指出,其中所包含的制度环境和区域能力结构等因素也是阻碍产业承接的重要原因。[②] 作为软环境的重要方面,承接地的观念和习俗也影响着移出产业的区位选择。与东部发达地区相比,西部地区由于经济发展相对落后,人口的受教育程度总体偏低,人们的思想观念比较陈旧,对外来文化和新事物、新技术的接受及掌握能力较差,企业培养一个合格技术工人所花费的成本大大高于东部地区。同时,高素质劳动力的相对稀缺,加之普通劳动者劳动生产率较低,都阻碍了西部地区对东部转移产业的大规模承接。

第四节　西部地区承接产业转移中存在的问题

产业转移是一把双刃剑。经验表明,产业转移会给欠发达地区的

---

① 潘文卿:《中国的区域关联与经济增长的空间溢出效应》,《经济研究》2012 年第 1 期,第 54—65 页。

② 成祖松:《我国产业转移黏性的成因与对策》,《广东广播电视大学学报》2013 年第 3 期,第 86—90 页。

经济发展带来机遇,但是由于欠发达地区普遍面临需求和投资不振的问题,对外部投资尤其是跨国公司的渴望度较高,以大幅度优惠政策吸引外资的动机强烈,因此,将对其宏观经济稳定、资源开发利用、环境保护和技术进步带来严峻考验。西部地区也不例外,由于体制、经济基础、环保意识等方面的局限,对国内外产业转移的承接更多地体现为政府意志并已造成许多问题。

一、过度的政府职能让渡及其隐患

与其他欠发达地区一样,西部地区的引资以政府为主体,而且引资成绩直接与地方官员的政绩挂钩。但是,由于"先天不足",西部地区普遍具有引资饥渴的特征。地方政府为了能够吸引更多的外资,竞相给予外资"超国民待遇",给予跨国公司过度的职能让渡,甚至给社会稳定埋下隐患。

可见,与东中部的引资竞争中,西部地区的地方政府通过给予更大的政策倾斜、让渡政府职能以吸引外资的动机比较强烈。在第二轮西部大开发中,国家在西部对外的系列政策上又有更高层次上的开放,对外资出台了更多的优惠政策。这样,在国家对外优惠政策的基础上,地方政府会通过自己的职能让渡,对外来转移产业实行更为优惠的政策。而且由于西部产业环境尚不完善,政府的议价能力偏弱,很容易做出过度承诺,给地区经济健康发展埋下了隐患。胡静寅(2012)通过对我国东西部承接国际产业转移中政府职能让渡的比较分析,发现西部地区在承接国际产业中存在明显的过度让渡政府职能的现象,并指出这主要是因为西部地区政府为了寻求经济发展最快捷的途径,迫于各个方面的压力,如政府官员的政绩考核制度,或多或少地都走向了靠引进外资推动经济发展的道路。在这种趋势带动下,地方政府利用职能便利,在引资过程中,给予外资企业极大程度的职能让渡,不仅让地、让税,甚至有些地方政府直接给予外资企业财政补贴,以达到吸引外资的目的。

更甚者,西部各地区政府展开了激烈的引资竞争,竞相出台各种优惠政策,从而形成恶性博弈竞争,其间出现政府职能的"越位"、"缺位"和"错位"现象。尤其是为了吸引跨国公司的产业转移,西部地区过度让渡政府职能,导致地区经济安全受到威胁,利益遭受损失。

二、重"承接"轻"对接"及其弊端

从实践来看,西部地区承接产业转移的主体企业普遍存在对接效率较低的问题。一方面,产业转出方与转入方难以通过"共生共荣"来形成专业化的分工与协作;另一方面,目前产业对接已经突破原来单一产业直接投资模式,形成了独资、合资、收购和兼并等多样化投资与产业转移方式并举的格局,其中收购与兼并迅速发展。市场拓展成为国内外产业转移的重要驱动力,有时产业转移看中的不仅仅是成本优势,而是西部庞大的市场。比如,娃哈哈集团早在20世纪90年代初就出资4000万元兼并了重庆涪陵区三家特困企业,此后有计划地在西部安排投资、生产、销售和技术开发等业务活动,并在21个省市建立了28个生产基地和38家子公司。

这种情况下,盲目地承接产业转移不仅不利于西部地区本土品牌的发展,还会使承接地因追求暂时的经济效益而忽视本地企业的发展,对西部原有与其相同或相近的产业产生"冲击效应"甚至"挤出效应",制约西部地区原有产业的发展。这种"冲击效应",一是体现在对生产要素的争夺方面。西移产业凭借其强大的技术优势、市场优势,提供给要素的收益率比西部原有产业要高,从而吸引要素的能力较强。西部原有产业由于在要素争夺上的劣势,就可能不得不缩小生产规模,甚至被完全挤出行业。二是体现在对市场份额的争夺上。西移产业生产水平较高、管理体系相对完善,有着较高的劳动生产率及产品质量、较低的生产销售成本及产品价格,再加上先进的营销理念、完善的营销网络以及高质量的售后服务,就使西部原有产业在当地的市场份额逐渐降低,生产规模减小,许多重要产品的生产和市场可能被东部地区所控制、掌握和占领。

三、产业的同构化与过度竞争

依据比较优势原则进行的产业转移,对产业承接地而言,其承接的产业是偏重于利用价格比较便宜的自然资源和劳动力要素,属于低附加值劳动密集型产业。1996 年到 2009 年,西部地区 7 种代表性工业品占全国比重有 4 种(原油、发电量、塑料、水泥)呈现上升趋势,3 种(布、钢材、玻璃)呈现下降或平稳趋势。[①] 这容易造成经济落后的西部地区一味地接受传统产业的转移而缺乏创新,使得产业结构一直处于低附加值化,在一定程度上延缓了产业升级的时间。而且,随着产业转移的延续,还会不断地强化这种结构,形成相当大的结构刚性,使得结构转换升级的代价上升。

现阶段,国内外转移到西部地区的产业仍以劳动密集型或资源消耗型产业为主,这虽然与西部资源优势与扩大劳动就业等经济发展目标相一致,但是,劳动密集型产业存在规模小、创新能力不足、技术含量低、管理水平不高等问题,西部过多地承接此类产业,将会加剧西部产业结构的同构化和过度竞争,挤压西部传统优势产业的发展空间。西部地区在承接东部产业转移过程中,如果不重视区域自身的创新与发展,可能会陷入"引进—落后—再引进—再落后"的怪圈,不可能缩小与发达区域之间经济水平的差距。

四、工业园区的承接功能未有效发挥

增长极理论认为,在地理空间上增长不是均匀发生的,它以不同强度呈点状分布,通过各种渠道影响区域经济。把推动性产业嵌入某地

---

① 何龙斌:《对西部地区承接国内产业转移热的几点思考》,《中外企业》2011 年第 2 期,第 61—64 页。

区后,将形成集聚经济,产生增长中心,通过乘数效应和扩散效应推动整个区域经济的增长。

目前,西部地区形成增长极的主要途径是发展工业园区,工业园区是承接产业转移、加速产业聚集、培育产业集群的主要载体。西部地区已经建成为数不少的各类园区,在促进区域经济发展、承接产业转移中发挥了积极作用,但仍然存在许多不完善之处,影响了其产业承接载体功能的有效发挥,没有形成增长极,主要表现在:一是园区规划和定位不明确,缺乏长远规划和明确的产业定位,导致园区产业结构趋同、重复建设和资源浪费。有的园区虽然聚集了许多企业,但缺乏具有比较优势的主导产业,产业之间关联度不高,产业集群尚未形成。二是园区内部缺少能够承接带动整体产业发展的"航母"型龙头企业,产业链有待延伸。三是园区内基础设施建设需进一步加强,以此为产业转移提供便利。四是园区内的管理与服务功能还不完善,不能为转移企业提供高效率的服务。

五、低门槛的承接与生态破坏和环境污染

如前所述,降低生产成本、寻求廉价资源是国内外产业转移的主要特点,因此,资源导向型、市场导向型产业转移在西部地区更为显著。西北地区早期就迁入了大量的耗能多、耗水多、环境污染大的产业,如化工、冶金、煤炭等等,这些产业的大量移入虽然在一定程度上带动了区域经济的发展,但是也造成当地区域的环境污染。据国家统计局数据显示,2000—2010年西部地区废气排放量平均占全国废气排放总量的27.1%;固废排放量平均占全国固废排放量的56.4%。其中,2010年西部地区废气排放量比2000年增加了111709亿立方米,占全国增加量的29.3%;废水排放量超过500000万吨,比2000年增加了59298万吨,占全国增加量的13.7%;固废排放量为480多万吨,占全国固废排放量的80%以上。在承接产业转移中,西部地区既有谋求快速发展

的冲动,同时又要保护脆弱的生态环境,必须寻找二者结合的平衡点。

近年来,尽管西部地区政府在承接产业转移中对于环境的重视程度不断提高,但由于地区间环境标准存在梯度差,仍为国内外将已经或日趋淘汰的与环境不友好的技术、产品"搭便车"转移到西部地区提供了条件,使西部地区的生态环境压力进一步加大。在 2013 年公布的《中国 300 个省市绿色经济与绿色 GDP 指数》(CCGEI 2012)中,排在最后 10 位的城市都是中西部城市,经济结构落后、资源效率低下是它们的共同特征。西部地区承接的产业以加工制造业为主,劳动密集型加工工业和对资源能源依赖较强的产业较多,如石油化工、天然气化工、煤化工、冶金、建材等此类高耗能、高耗材产业,承接这些产业必然伴随着西部资源的大规模开发。由于西部地区自然生态环境脆弱,一旦资源开发处理不当、保护不力,资源破坏的代价会超过资源开发的收益,环境污染的速度会超过环境治理的速度,这不仅影响西部地区的可持续发展,而且可能会大大增加西部地区经济发展的外部成本。

第三章　西部地区承接产业
转移的效率评价

如前所述,承接国内外产业转移是西部地区经济实现跨越式发展的重要方式。近年来,西部各地对承接产业转移也表现出极高的热情。但是,西部地区由于区位条件的限制和对承接产业的盲目热情,导致由此出现的问题也是层出不穷。因此,西部地区在承接国内外产业转移时一定要从本地区实际情况出发,立足比较优势,合理确定产业承接重点,因地制宜地承接发展优势特色产业。要达到这一目的,构建一个能够解释产业转移规律并便于定量评价承接产业转移的效率指标体系,对西部地区承接产业转移无疑具有非常重要而迫切的现实意义。

第一节　承接产业转移效率评判指标体系设计

科学承接产业转移,促进区域协调发展,是西部地区承接产业转移的指导原则,实际上就是要求西部地区根据本地的实际情况制定相关的承接产业转移政策,加大对产业投向的引导力度,提高产业承接的效率,实现由数量型向质量型的转变。同时,鉴于承接产业转移可能带来的环境和资源风险,在环境约束下衡量比较东西部地区承接产业转移的效率,不仅有利于发现不同地区在承接方面存在的问题及效率差距所在,而且可以为西部地区正确处理承接产业转移和环境保护之间的关系提供理论依据。

一、产业转移与承接地区域协调发展：统筹因素的构成与含义

（一）有关承接产业转移效率的研究现状

从现有文献来看，尽管有关产业转移的研究汗牛充栋，但是对于承接地承接产业转移的效率问题研究很少。国外学者库马尔（Kumar，2002）是研究承接地利用 FDI 绩效水平的代表人物，他指出，不同 FDI 项目对承接地发展变化的影响依赖于 FDI 带来的新知识及其在经济中扩散的范围、FDI 为承接地制造的商品提供国外新市场的机会、对承接地技术能力构建的贡献等，FDI 质量随承接地的视角不同而变化很大。基于承接地从 FDI 获得的收益角度，他提出了衡量一国利用 FDI 绩效的指标体系，主要包括：子公司产出的本地化程度、对现代产业发展的贡献、出口导向的范围、子公司的 R&D 活动组织技巧、技术和净资本等方面。库马尔对 FDI 质量问题的研究具有开创性意义，但是他的 FDI 质量评价标准侧重于对引进 FDI 利用的质量，忽略了承接地自身的条件和 FDI 本身的质量，而且这些指标并不能概括 FDI 对承接地的主要影响，对不同承接地引进 FDI 的目标和意义也未给予必要的考虑。

随着中国利用 FDI 规模不断扩大，对于 FDI 对中国经济影响的研究日益增多，主要集中在探讨 FDI 对中国技术进步、贸易增长、结构优化和利益分配等方面的影响（江小涓，2002、2006；梁琦，2004），以及产业转移对中国开放经济的整体影响（朱廷珺，2006、2009）。但是，对于利用 FDI 的质量或效率应从哪些方面进行评价、评价的标准是什么等这些承接地更为关注的问题，总体来说缺乏系统研究。其中，张宏（2004）从 FDI 的项目规模、技术含量、产业和区域分布以及 FDI 对国有资产流失的影响评价了中国利用 FDI 的质量，张建勤（2000）强调了FDI 对国内企业的冲击和对 FDI 的吸收、消化的评价标准，何洁（2000）提出了 FDI 企业经济效益的评价标准，巴克利（Buckley）等（2004）主要

从 FDI 的项目规模、产业结构的变化和产业关联等方面评价了中国利用 FDI 的质量。这些文献多是从 FDI 的效应角度提出利用 FDI 质量的评价指标，没有形成系统的指标评价体系。

较为系统地提出中国利用 FDI 质量评价体系的是北京市社科"九五"规划课题（2001）——"建立北京市利用外资质量评价体系的构想"。该课题组根据经合组织（OECD）提出的评价外商直接投资对承接地社会经济贡献作用的标准，结合北京市城市性质和资源特点，并参考国家科技部关于高新技术产业开发区的评价方案，把评价指标分为基本指标和修正指标，构建了北京利用外资质量评价体系并赋予了每个指标不同的权重。陈自芳（2005）基于 FDI 的溢出效应提出了利用 FDI 质量评价标准，包括 FDI 对承接地经济的直接作用和间接作用两大类，每一类有 7 个标准，并赋予每个具体标准不同的权重。以上两个评价标准体系是目前国内评价 FDI 质量较为全面的指标体系，既包括了 FDI 的正面效应，也包括了其负面效应，涵盖了 FDI 对承接地影响的一些重要方面。但是，这两个评价指标体系将 FDI 质量评价赋予主观权重，这与 FDI 对我国经济发展的实际影响程度可能是不相符的，即使有偶然的一致性，那也只是静态的、暂时的巧合，比较客观地评价 FDI 的质量应是基于统计数据进行的经验估计。

从研究现状来看，有关承接产业转移效率的研究较少且缺乏系统性和客观性，尤其在欠发达地区随着经济发展，环境、资源矛盾日益严峻的背景下，还没有学者在环境约束下分析承接产业转移的效率问题，使得这一研究具有十分重要的现实意义。

（二）西部地区承接产业转移的特殊性

1.西部地区产业结构的特点

长期以来，国家对西部地区的投入主要着眼于资源开发，将其作为东部地区能源、原料供应基地，因此西部地区的产业结构呈现出明显的资源依赖型特征，形成了石油化工、有色冶炼和矿产资源开采等优势产业。同时,西部是在传统农业部门没有得到根本改造时提前发动工业化的,因此其产业结构呈现出以下特点:一是产业基础脆弱,以粮食为主的生产结构单一,特色农业的发展远远不够;二是产业技术层次低,具有资源型重工业超前发展、轻型加工业严重滞后的特点;三是由于市场化程度低,第三产业发展严重滞后,市场配置资源的基础作用尚未得到充分发挥,市场进入障碍较大,现代服务业水平低,生产性服务业发展滞后。从整体上看,西部地区仍处于工业化的初级阶段,且地区内部差异比较显著,产业结构协调性有待提高。①

这种以重工业为主的经济结构本身就存在不合理性,各产业基本上是独立发展的,与市场指向性产业在横向上的互补性和竞争性不强,在纵向产业链条的上下游关联度不大,尤其是当工业发展到一定程度后,面临资源枯竭的制约,很难通过技术创新来提高经济的发展水平,并且容易受到国际市场的冲击。目前西部地区 12 个省(区、市)中,除了新疆、西藏之外,共有 19 个资源枯竭型城市,在国家三批确定的 69 个资源枯竭型城市(县、区)中占比 27.5%,推动地区经济转型、实行产业结构优化成为西部地区当务之急。从 20 世纪 90 年代起,西部地区产业结构调整就进入加速阶段,但由于各种条件的限制,其调整速度要比全国慢,更是低于东部地区。这主要是因为在微观企业技术开发和投资普遍不足的情况下,市场驱动型技术创新在路径选择上,依然依赖于进一步发挥原有的科技优势,投资重点依然选择在现有产业和项目上,导致区域创新能力和服务环境建设滞后。因此,要提高承接产业转移的效率,西部地区必须注重所承接的产业的质量及其技术含量,积极合理地选择承接有助于本地区产业结构升级的产业类型。

2. 向西部地区产业转移思路的新变化

从产业转移方的角度来看,2008 年全球金融危机前后国内外向西

---

① 卢阳春:《十二五时期西部地区承接产业转移的产业结构政策调整实证研究》,《经济问题探索》2011 年第 10 期,第 30—36 页。

部地区转移产业的思路有了很大的变化,从最开始的以降低成本为主要目的转向更加注重承接地的综合优势:产业配套条件比较好、劳动力资源丰富的地方具有承接优势;土地资源单位价格比较低和物流成本低被优势产业看好;电力资源充足、服务优质和发展前景广阔的地方被普遍相中;思想比较解放、观念比较新的地方比较容易承接到转移的产业。在此背景下,西部地区以往单纯凭借生产成本低、资源丰富、政策优惠力度大作为承接产业转移的优势已经失去了它的吸引力,要提高承接产业转移的效率,必须加强对本地区综合优势的打造,不仅增强对外来产业的吸引力,并且保证产业转移对当地经济、资本、产业结构、税收、贸易、就业等方面产生的各种正面效应的充分发挥。

(三)评价西部地区承接产业转移效率的统筹因素与含义

综上所述,西部地区承接产业转移的效率不仅与承接地本身的地区条件(包括基础设施环境、经济环境、社会服务环境)有关,而且与转移产业的质量也有密切的关系。这是因为,承接地从承接产业获得的收益有时滞,承接时无法确知其收益的性质和大小,但承接产业本身的质量高低将直接决定收益的大小。而产业转移对承接地的经济、产业、就业等方面的影响则是承接效率的直接体现。另外,如前所述,由于各种原因,承接产业转移可能会带来环境风险,因此,评价承接产业转移效率应在环境约束条件下进行。

二、承接产业转移效率评价指标体系设计

(一)承接产业转移效率评价指标体系

根据上述分析并结合前人研究成果,本章在环境约束条件下,从投入与产出两个方面来度量承接产业转移效率,投入方面包括承接地的区位条件和转移产业的质量,产出方面是承接产业对承接地经济、资本、产业结构、税收、贸易、就业等方面产生的各种效应。由此,承接产业转移效率评价指标体系的构建思路如图 3-1 所示。

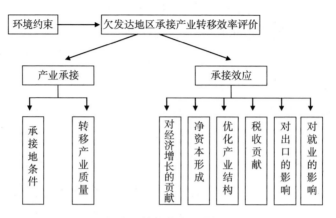

图 3-1　承接产业转移效率评价指标体系

（二）承接产业转移效率评价指标选择

1.承接地条件

区位条件是指特定地区本身具有的条件、特点、属性、资质,其构成因素主要包括自然资源、地理位置,以及社会、经济、科技、管理、政治、文化、教育、旅游等方面。承接地的区位优势主要是指由自然资源、劳动力情况、地理位置、交通等组成的,促进产业迁出或迁入的先决条件,它直接决定着企业的盈利能力。本书主要考察基础设施、经济条件和社会服务条件,以此来衡量西部地区对东部地区迁出产业的引力大小。

（1）基础设施

承接地的基础设施条件是吸引和承接产业转移的基本能力。鲁特和阿迈德（Root & Ahmed,1979）利用58个发展中国家的样本来考察影响FDI流入制造业部门的决定因素,他们认为,承接地可利用的基础设施是其中较为重要的一个因素。惠勒和莫迪（Wheeler & Mody,1992）发现,集聚效应和市场规模的大小是20世纪80年代美国企业对外投资的决定因素,而基础设施的质量是"集聚效应"中最为重要的一个方面。基础设施涵盖的内容非常多,本书主要选取三个指标来度量:

交通运输:采用人均货运量测度,由货运总量除以总人口获得。

固定资产投资:基础设施建设与经济发展水平高度相关。经济发展水平越高,固定资产投资越大,因而该地区基础设施条件越好。

信息化水平:随着信息时代的到来,转移产业越来越看重投资地的信息化水平。本书采用移动电话普及率(移动电话用户数占人口总数的比例)与互联网普及率(互联网用户数占人口总数的比例)来表示某地区的信息化水平。

(2)经济条件

承接地的经济条件是转移产业的首要考虑因素,直接关系到迁入企业的收益。一般来说,投资者会考虑以下六个方面:

市场潜力:用人均消费支出表示,人均消费支出越高,表示当地市场规模及市场需求越大,该地区对产品的未来需求将越旺盛,对外来产业的吸引力也就越大。

城市化水平:城市化水平不仅在一定程度上反映了经济发展水平,而且反映了地区的聚集效应和规模经济,一般按城市人口占总人口的比重计算。

工资水平:这一指标不仅反映地区的生产成本,也反映了劳动力的质量。工资水平一般有三种度量方式:一是采用名义或实际人均年工资度量,二是采用承接地与母国的工资差额度量,本书采用第三种方式,即工资增长率来度量,按可比价格计算,主要考察其增长幅度对承接产业的影响。

人力资本:随着投资结构的不断优化,企业对人力资本的要求日益提高。本书按照不同劳动力的受教育程度分类,将各级劳动力的平均受教育年限作为权数加权求和,再除以总人数,得到平均受教育年限。计算公式为:人均受教育程度(人力资本水平)=(研究生文化人口×19+大学本科文化人口×16+大学专科文化人口×14+中专文化人口×13.5+高中文化人口×12+初中文化人口×9+小学文化人口×6)/总人口。

技术创新水平:技术创新能力的大小应从两个方面来考察:一是技术创新投入,二是技术创新产出。考虑到 R&D 指标对技术创新的重要程度以及部分统计数据难以获得,本书选取的投入类指标主要有 R&D 强度(R&D 投入占 GDP 的比例)、R&D 人员强度(R&D 人员占全部就业人数的比例);产出指标主要有专利申请数、新产品销售收入。

对外开放度:这是影响产业转移的一个重要的制度变量,一般用进出口总额占 GDP 的比重测度。

(3)社会服务条件

在产业转移过程中,承接地区的政府行为将会直接影响到产业转移的方向和效率,这是转移企业必须要考虑的因素之一。本书主要从两个方面来反映承接地区的社会服务条件:

政府行为市场化:用财政收入/GDP 表示,该指标越大,说明政府参与经济活动的程度越高,从而侧面反映了政府行为市场化进程较慢。

政府行政效率:该指标不仅反映政府执政水平的高低,而且可以在一定程度上反映政府的清廉程度。一般来说,国际直接投资趋向于流入政府行政效率较高的国家和地区,而行政效率高的政府能够合理、正确地行使政府职能,从而有效地降低或者避免过度让渡职能。这里用政府消费占比和政府行政支出占比两个指标来衡量各地区政府的行政效率高低。其中,政府消费占比是指该年当地政府的消费总额与当地 GDP 的比重;政府行政支出占比是指该年当地政府的行政管理费占当地财政总支出的比重。政府消费占比和行政支出占比越大的地区,政府的行政效率越低。

2.转移产业质量

产业转移所带来的技术研发与创新及转移项目所包含的各种新理念、新机制无疑对承接地有着非常重要的意义,也是带动承接地经济社会发展的先决条件。就一般规律来说,转移产业的规模越大其制度设计和技术创新越突出,因此本书选取转移产业的项目规模和转移企业的 R&D 活动来衡量转移产业的质量。

(1)转移产业的项目规模

项目规模通常与企业技术水平具有正向关系,项目规模越大,研究开发活动越多,越有可能采用更先进的技术。同时,项目规模越大,企业管理水平越高,实行的企业制度越先进,项目质量越高。因此,本书用外商投资总额与外商投资企业数之比来表示外商平均投资规模。

(2)转移企业的 R&D 活动

转移企业的 R&D 活动是实现技术转移的一种非常重要的方式,不仅能带来大量的研究开发投资,促进承接地的研发竞争,而且会产生广泛的技术溢出效应,从而提升承接地的 R&D 创新能力。因此,R&D 活动是衡量转移企业投资项目知识、技术含量最重要的指标之一。本书用三资企业的 R&D 强度(即 R&D 投入占销售收入的比例)、专利申请数来表示。

3.承接产业转移的效应

承接产业转移能促使承接地产业结构优化、经济发展水平加快,从而提高资本积累率,为其持续发展提供资金保证,还具有促进就业、增加当地财政收入等诸多效应。为此,本书选取以下指标:

(1)对经济增长的贡献

促进经济增长是承接产业转移的重要目标之一,其对经济增长的贡献主要通过转移产业的资本贡献产生的 GDP 来体现,本书用转移产业(FDI)在承接地 GDP 中的比重来反映。

(2)净资本的形成

经验表明,产业转移的结果是其中一部分转化为承接地的固定资产投资,从而直接增加承接地的资本积累和资本形成。但由于它还会对承接地的资本产生"挤入"或"挤出"效应,从而间接地影响承接地的资本形成,因而产业转移对承接地的资本形成总体影响是不确定的,它取决于这两种效应的大小。如果转移产业对承接地投资的挤出效应小、能形成高质量的新增投资、提升承接地存量资产的质量、激活关联产业的存量资产,那么承接产业的效率就高。以往研究表明,本期 FDI 对国内资本有较强的"挤入"效应,而上期 FDI 对国内资本形成有一定的"挤出"效应。杨新房等(2006)通过实证研究发现,FDI 对我国国内资本形成会产生一个"净挤入"的效果。我国全社会固定资产投资按资金来源分为"国家预算内资金"、"国内贷款"、"利用外资"和"自筹和其他资金"四部分,其中"国内贷款"和"自筹和其他资金"能准确地反映企业在国内资金市场的竞争活动,所以将这两部分数值的和记为 IC,用来表示受 FDI 影响的固定资产投资(即国内资本形成)部分。基于这个思路,本书用($FDI_t - FDI_{t-1}$)/IC_t 这一比值来衡量转移产业对承接地净资本的影响。

（3）优化产业结构

产业转移影响承接地的产业结构主要表现在承接地不同产业产值和能源消耗水平的变化上。我国"十二五"规划已经确定产业结构调整的四个定量指标,分别为第三产业比重提高、高技术产业增加值占工业增加值的比重提高、全要素生产率提高、可持续发展能力增强。沿用这一思路,本书采用以下指标来体现转移产业对承接地产业结构的影响:FDI 在第三产业中的比例、FDI 在高技术产业增加值中的比例、(FDI/GDP)×单位 GDP 能耗。

（4）税收贡献

这一指标实际上反映了转移产业的成本。如果不考虑转移产业的正外部性,转移企业单位产值税率或单位资金税率低于本地企业,则说明转移产业的效率不高。本书用外资企业主营业务税金及附加占承接地税收收入的比重来表示转移企业的税收贡献。

（5）对出口的影响

本书用外资企业出口占承接地总出口的比重来说明转移企业产品出口的贡献、对承接地产品在国际市场竞争力的影响、进出口的结构优化和进出口的质量提升。可以确定,出口贡献愈大,产业承接的效率愈高。

（6）净就业增加

解决就业是欠发达地区承接产业转移的主要目标之一,本书用外资企业就业人数占总就业人数的比重来说明产业转移对承接地就业的影响,以此来反映产业承接的效率。

4. 资源环境约束

西部承接产业转移的地区大多为地处内陆的欠发达地区,气候条件恶劣、生态环境脆弱,但生态地位又十分重要。承接产业转移可能会给这些地区带来环境风险。为体现承接产业对承接地环境的影响,本书主要采用工业三废排放量(包括废水、废气、固体废弃物)和森林覆盖率两个指标来体现。

在此需要说明的是,由于国内产业转移的数据不可获得,对于转移产业一般均用外资(FDI)来衡量,这也与以往的研究方法保持了一致。

第二节　我国东西部地区承接产业转移效率的实证分析

改革开放以来,我国东部地区成为承接国际产业转移的重点地区,外商对华直接投资规模逐年增加,成就令人瞩目,有力地支撑了东部地区经济持续、稳定、高速的增长,但也出现了许多问题。因此,科学地评估东部与西部地区承接国际产业转移的效率并进行对比,既符合我国转变经济增长方式、提高产业承接效率的客观要求,也可以为西部地区在新一轮的承接产业转移热潮中制定新政策提供重要的依据。

一、研究方法

由于部分评价指标存在相互关联和交叉重叠,不能采用主观赋值的方法评估西部地区承接产业转移的效率,以避免评估结果的准确性和客观性受到影响。因此,本书利用 SPSS 软件,采用因子分析法,以消除评估指标的多重共线性,同时从整体上把握承接产业转移的效率。

设有 p 个观测变量 $X_1, X_2, \cdots, X_P$,将这些变量进行标准化,得到公共因子 $F_1, F_2, \cdots, F_M(m<p)$。$m$ 个公共因子要能够解释原来大部分信息,解释不了的部分称为相应变量的特殊因子,记为 $\varepsilon_1, \varepsilon_2, \cdots \varepsilon_\rho$,则因子分析模型为:

$$
\begin{cases}
X_1 = \alpha_{11}F_1 + \alpha_{12}F_2 + \cdots + \alpha_{1m}F_m + \varepsilon_1 \\
X_2 = \alpha_{21}F_1 + \alpha_{22}F_2 + \cdots + \alpha_{2m}F_m + \varepsilon_2 \\
\qquad\qquad\qquad \cdots\cdots \\
X_p = \alpha_{p1}F_1 + \alpha_{p2}F_2 + \cdots + \alpha_{pm}F_m + \varepsilon_p
\end{cases}
\tag{3-1}
$$

在所建立的因子模型中,将总体当中的变量分解为公共因子与特殊因子的线性组合 $X_i = \alpha_{i1}F_1 + \alpha_{i2}F_2 + \cdots + \alpha_{im}F_m + \varepsilon_i$,$i=1,2,\cdots,p$。同样可以把每个公共因子表示成原有变量的线性组合,$F_j = \beta_{j1}X_1 + \beta_{j2}X_2 + \cdots + \beta_{jp}X_p$,$j=1,2,\cdots,m$。其中,$F_j$ 称为因子得分函数,用它可以计算每个观测记录在各公共因子上的得分,从而解决公共因子不可测量的问题。

二、指标选取及数据来源

依据研究目的和数据可获得性、全面性的原则,本书从原定的 29 个指标中选取了 26 个指标。因为有些年份的数据不连续,如三资企业的 R&D 经费投入 2002 年以前无分项,2009 年以后无地区分组,从而未列入实证分析的范围。在此采用因子分析法对东部十一省市和西部地区十二省区市 2001—2010 年承接国际产业转移的效率进行评估和比较,考察两个地区承接产业转移效率的时间变化趋势,剖析承接产业转移效率的内部结构,解构决定东部和西部地区承接产业转移效率状况及其变化的主要因素(见表 3-1)。

表 3-1　指标体系构建

一级指标	二级指标	三级指标	具体指标		单　位
承接地条件	基础设施	交通运输	人均货运量	X1	吨/人
		固定资产投资	固定资产投资额	X2	元
		信息化水平	互联网普及率	X3	%
			移动电话普及率	X4	%
	经济条件	市场潜力	人均消费	X5	元
		工资水平	工资增长率	X6	%
		人力资本	受教育人口占总人口比重	X7	%
		技术水平	R&D 投入经费/GDP	X8	%
			R&D 人员/就业人员	X9	%
			专利申请数	X10	项
			新产品销售收入	X11	元
		对外开放度	进出口/GDP	X12	%
	社会服务条件	政府行为市场化	财政支出/GDP	X13	%
		行政支出规模	行政支出/GDP	X14	%
		政府消费规模	政府消费/GDP	X15	%
转移产业质量	项目规模		外商投资总额/外商投资企业数 X16		万美元
承接产业转移的效应	对经济增长的贡献		FDI/GDP　　　　　　　　X17		%
	优化产业结构		FDI/高技术产业增加值　　X18		%
			FDI 在第三产业中的比重　X19		%
			（FDI/GDP）×单位 GDP 能耗 X20		%
	税收贡献		外商投资企业和外国企业所得税/地区税收收入　　　X21		%
	对出口的影响		外商投资企业货物出口额/各地区出口总额　　　　　X22		%
	净就业增加		外商投资企业就业/城镇就业人员总数　　　　　　X23		%

续表

一级指标	二级指标	三级指标	具体指标		单　位
环境约束	生态环境	工业"三废"排放量	固废排放量	X24	万吨
			废水排放量	X25	万吨
			废气排放量	X26	亿标立方米

由于指标较多,有关数据的收集较难,并且数据来源和统计口径也可能不一致。本章中涉及的各类指标数据分别来源于历年的《中国统计年鉴》和各地区统计年鉴、《中国税务统计年鉴》、《中国科技统计年鉴》、《中国高技术产业统计年鉴》、《中国能源统计年鉴》等,政府消费数据查自中经网统计数据库,政府行政管理费和一般财政支出数据来自《新中国 60 年统计资料汇编》和《中国统计年鉴》。

在统计口径方面,工业企业是按照《中国统计年鉴》新的统计口径来选取,即年销售额在 500 万元以上的各地区规模以上工业企业;"三资企业"包括外商投资和港澳台商投资工业企业;FDI 是各地区实际利用的外商直接投资额,由于各地区的统计标准不同,两个地区 FDI 的加总略大于商务部直接统计的全国总额,但不影响本书的结论;"工业三废"的排放量是未能达到环境资源部规定的排放标准的排放量。

另外,在综合评价时,要保证各个指标与综合得分是正相关的。但由于上述 26 个指标中有几个逆向指标,因此需要把逆向指标处理成正向指标。处理方法为:

$$X = \frac{\max(x_i) - x_i}{\max(x_i) - \min(x_i)} \tag{3-2}$$

三、实证分析

(一)东部地区分析

由于指标多,数据庞大,且单位不同,首先输入数据进行标准化处理,按主成分方差贡献率大于90%提取主因子,得到的 3 个主因子的累计方差贡献率为 94.996%,表示这 3 个主因子解释了原来所有变量94.996%的信息(见表3-2)。

表 3-2　东部地区方差贡献率

主因子	初始解			旋转后		
	特征值 λ	方差贡献率 (%)	累计方差贡献率 (%)	特征值 λ	方差贡献率 (%)	累计方差贡献率 (%)
因子 1	20.622	79.314	79.314	16.099	61.919	61.919
因子 2	3.306	12.716	92.030	6.616	25.445	87.364
因子 3	0.771	2.966	94.996	1.984	7.632	94.996

依据提取的 3 个主因子,我们可以为 26 个指标进行归类:

第一主因子在多数指标上有较高的载荷,如交通运输(X1)、固定资产投资(X2)、互联网普及率(X3)、移动电话普及率(X4)、消费水平(X5)、工资增长率(X6)、R&D 经费投入占 GDP 的比重(X8)、R&D 人员占就业人员的比重(X9)、专利申请数(X10)、新产品销售收入(X11)、税收贡献(X21)等,这些指标反映了地区的基础设施、信息化水平、科技水平等,主要体现为地区的投资环境;而 FDI/GDP(X17)、FDI 在第三产业的比重(X19)和(FDI/GDP)×单位 GDP 能耗(X20)则体现为转移产业对地区产业结构和经济发展水平的影响,故将这一主因子命名为综合经济因子。

第二主因子在进出口占 GDP 比重(X12)、外资企业出口占总出口的比重(X22)上面有较大的载荷,这两个指标主要反映地区的贸易情况,将其命名为贸易因子。

第三主因子在政府行为市场化(X13)、行政支出规模(X14)上面有较大的载荷,这两个指标反映了产业承接地区的政府行为,将其命名为政府因子。

依据三类因子的贡献率,可以判断综合经济状况、贸易、政府行为是我国东部地区承接产业转移效率的决定因素。而由于主成分方差贡献率递减(见表3-2),即主成分在计算承接产业转移综合效率时的权重依次递减,这三个主因子对于承接产业转移效率的重要程度也依次递减。

(二)西部地区分析

同样,利用上述指标对西部地区进行因子分析,也得出3个主因子对西部地区承接产业转移效率的累计方差贡献率为91.147%,表示这3个主因子概括了原来所有变量91.147%的信息,如表3-3所示。

表3-3 西部地区方差贡献率

主因子	初始解			旋转后		
	特征值 λ	方差贡献率 (%)	累计方差贡献率 (%)	特征值 λ	方差贡献率 (%)	累计方差贡献率 (%)
因子1	17.237	68.947	68.947	15.097	60.388	60.388
因子2	3.613	14.452	83.399	4.014	16.057	76.446
因子3	1.937	7.748	91.147	3.675	14.701	91.147

其中,第一主因子在多数指标上有较高的载荷,如交通运输(X1)、固定资产投资(X2)、互联网普及率(X3)、移动电话普及率(X4)、消费水平(X5)、工资增长率(X6)、R&D人员占就业人员的比重(X9)、专利申请数(X10)、新产品销售收入(X11)、税收贡献(X21)、固体废弃物排放量(X24)、工业废水排放量(X26)等,这些指标反映了地区的基础设施、信息化水平、科技水平、环境污染程度等,主要体现为地区的投资环境;而外资企业出口占总出口的比重(X22)、外商投资企业就业/城镇就业人员总数(X23)则体现为转移产业为承接地区带来的出口与就业水平的增加,故将这一主因子命名为投资环境因子。

第二主因子在进出口占GDP比重(X12)上面有较大的载荷,这一个指标主要反映地区的贸易情况,将其命名为贸易因子。

第三主因子在FDI/GDP(X17)、FDI在第三产业的比重(X19)上面有较大的载荷,这两个指标反映了转移产业对承接地区经济增长的贡献和对产业结构的优化,将其命名为经济发展因子。

同样由于主成分方差贡献率递减,主因子对于利用外资效率综合得分的重要程度也从投资环境、贸易到经济发展依次递减。

(三)东西部地区的比较分析

1.综合效率评估

依据前面所提到的因子分析模型及 F_i 计算方法,利用回归法估计出因子得分,将3个公因子的得分进行加权求和,其计算公式为:

东部:$ZF = 64.695\%F_1 + 21.876\%F_2 + 8.695\%F_3 + \cdots$ (3-3)

西部:$ZF = 60.388\%F_1 + 16.057\%F_2 + 14.701\%F_3 + \cdots$ (3-4)

其中,ZF 代表综合得分,等式右边系数为其权重(旋转后的方差贡献率)。依据(3-3)式和(3-4)式可得到2001—2010年间东西部地区各自承接产业转移效率的综合得分(见表3-4)。

表3-4　2001—2010年东西部地区承接产业转移效率综合得分

年份	2001	2002	2003	2004	2005	2006	2007	2008	2009	2010
东部	−0.93	−0.83	−0.57	−0.35	−0.04	0.12	0.14	0.46	0.93	1.08
西部	−0.83	−0.70	−0.47	−0.48	−0.08	−0.03	0.30	0.41	0.74	1.12

可以看出,2001—2010年间我国东西部地区的效率综合得分从负值转为正值,并逐步增大,说明承接国际产业转移的效率总体均呈现由低向高的趋势,并且东部效率提升较西部为快。

具体来说,在东部地区承接产业转移效率综合得分中,衡量承接转移产业效率的指标如 FDI/GDP(X17)、FDI 在第三产业中的比重(X19)、税收贡献(X21)、对出口的贡献(X22)等在第一主因子和第二主因子上都有较大的载荷,而这两个因子在计算地区承接产业转移综合效率时所占的权重又较高,从而反映了东部地区承接产业的效果还是比较显著的。值得注意的是,行政行为在东部承接产业效率中占据了一定的比重。政府的行政效率和清廉度历来是长期投资者所关注的焦点,也是投资环境的重要组成部分。这一因素的突出说明随着经济的发展,我国东部地区在借鉴国外成功经验的基础上,正在尝试着解决承接国际产业转移中的政府职能问题并取得了显著的成效,从而使其成为影响承接产业转移效率的因素之一。

在西部地区承接产业转移效率综合得分中,对出口的贡献(X22)和净就业增加(X23)在第一因子中有较大载荷,说明西部地区承接产业转移的效率主要体现在就业和出口上面。与东部地区相比,西部地区承接产业转移的效率还未完全体现。这与前面提及的西部地区在承接产业转移过程中出现的重"承接"轻"对接",盲目承接产业转移,注重承接产业的经济效益而忽视社会效益和生态效益均有一定的关系。

2.影响因子的内部分析

进一步地,我们对东西部地区承接产业转移效率进行内部结构分析,即考察三个主因子对效率影响的时间变化。从表3-5可以看出,在对东部地区承接产业转移效率的贡献中,综合经济因子始终占据绝对地位,且数值增大,说明投资环境对东部地区承接产业转移效率的影响是绝对的并且逐步提高;贸易因子的作用有升有降,体现了其在影响承接产业转移效率上的不稳定性,这是由于进出口额容易受外部经济环境的影响;政府因子的作用则呈现较大的波动性,说明东部政府的行政能力对承接产业转移效率的提高虽起到一定作用,但不稳定。

表3-5 东部地区承接国际产业转移的内部结构

年份 因子	2001	2002	2003	2004	2005	2006	2007	2008	2009	2010
综合环境因子	-0.841	-0.850	-0.770	-0.700	-0.265	-0.141	-0.403	0.521	1.636	1.813
贸易因子	-1.768	-1.280	-0.107	0.700	1.061	1.187	0.922	0.101	-0.472	-0.345
政府因子	0.044	0.019	-0.578	-0.599	-1.189	-0.579	2.239	1.180	-0.318	-0.219

同样,在对西部地区承接产业转移效率的贡献中,投资环境因子也始终占据绝对地位并且影响力稳定增强;贸易因子的作用则有升有降,体现了西部地区的进出口贸易更易受外部经济环境的影响,进而影响到它对西部地区承接产业转移效率的作用发挥,这与西部地区主要出口资源型产品有很大关系;经济发展因子呈现较大的波动性,说明转移产业对西部地区经济发展和经济结构调整的作用尚未得到充分发挥且不稳定(见表3-6)。

表3-6 西部地区承接国际产业转移的内部结构

年份 因子	2001	2002	2003	2004	2005	2006	2007	2008	2009	2010
投资环境因子	-0.824	-0.700	-0.789	-0.775	-0.489	-0.371	-0.115	0.720	1.436	1.907
贸易因子	-1.020	-0.931	-0.603	0.138	0.053	0.593	1.767	1.468	-0.689	-0.776
经济发展因子	-1.116	-0.868	0.694	-0.230	1.418	0.687	0.616	-1.778	-0.082	0.661

需要特别说明的是,在东西部地区承接产业转移效率的评价过程中,环境因素"废气排放量"与"固体废弃物排放量"都在各自的第一主因子上占有较高的权重,这说明环境因素也是影响地区承接产业转移效率的重要指标,因此在承接产业转移的过程中要注意对环境的保护。

以上分析表明,我国东部地区承接产业转移的效率逐步提高,承接产业转移的模式逐渐由数量型向质量型转变,其效率提高的动力逐渐倾向于地区综合经济发展。西部地区承接产业转移的效率也有明显提高,但更多地体现为政策推动,而且表现滞后于东部地区。在影响两个地区承接产业转移效率的因素中,投资环境因子始终处于主导地位,环境因素亦产生较大的影响。

第四章 西部地区承接产业转移的重点行业选择

考察近年来西部地区承接产业转移的现实可以发现，一方面其为本地区经济发展带来了新的机遇，另一方面也出现了一些不容忽视的问题，不顾自身承接能力和区域主体功能定位的盲目承接现象普遍存在。关于如何科学有效地选择重点行业进行承接的问题，研究者们主要有两类观点，一类认为要以西部地区优势产业为基础进行承接（龚晓菊、刘祥东，2012），另一类认为应综合考虑西部地区资源禀赋、国家经济发展战略蓝图、地区发展规划、区域协调和可持续发展等情况选择重点行业进行承接（张涛，2011；高云虹、王美昌，2012；周洋全，2012；李国璋等，2013）。

综括而言，西部地区需要充分考虑自身的地理环境、产业基础及产业发展和运行的规律等因素。但如何从诸多因素中抓住核心，尤其是对其进行定量分析和详细考察，现有研究仍然较为欠缺。因此，本章主要考虑产业承接力、优势产业和产业发展规划三个核心方面。其中，产业承接力是基础，优势产业是依托，产业发展规划是参照。通过对产业承接力、优势产业和产业发展规划三方面综合分析，先确定重点承接行业，为促进产业承接顺利实现，政府将根据这三方面的综合情况制定相应的产业转移政策，而这些政策会进一步提高产业承接力，较高的产业承接力又为西部地区主动承接产业转移提供了更大的空间，形成西部地区承接产业转移行业选择的良性循环运行机制（见图4-1）。可以看出,产业承接力是选择重点承接行业的前提和基础,对其进行评价是行业选择的起点。

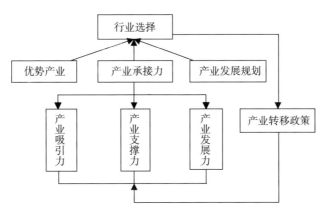

图 4-1 西部地区承接产业转移的行业选择机制

为此,本章拟以西部地区自身产业承接力为基础,依托优势产业,参照产业发展规划的研究思路,考察并确定其承接国内外产业转移的重点行业。具体来讲,首先在对产业承接力进行理论剖析的基础之上,设计西部地区产业承接力评价指标体系,并对西部各省区市进行综合评价;其次,使用产业梯度系数分析西部地区的优势产业;再次,通过整理各种区域发展规划、产业发展规划等资料得到西部地区产业发展规划要求;最后,在充分分析西部地区产业承接力、优势产业和产业发展规划的基础上,结合国内外产业转移的趋势确定西部地区的重点承接行业。

第一节 各省(区、市)产业承接力综合评价

一、理论考察

(一)文献回顾

考察已有研究可以发现,学界关于产业承接力早期的研究主要集

中在其影响因素方面,且尚未形成一致结论。代表性的观点主要有:孙世民和展宝卫(2007)依据系统科学理论与方法,将产业承接力分为产业吸引力、产业选择力、产业支撑力和产业发展力四个子系统,具体包含政策优惠、产业集聚与配套、市场吸引与开拓、信息搜集处理、技术创新等影响因素。张冬梅(2008)则将西部地区产业承接力的影响因素概括为生产要素、需求条件、相关产业和支持性产业的表现、企业特征与竞争行为、政府行为、机遇等。近年来,研究者们设计了相应评价指标体系,并对不同省域的产业承接力进行了综合评价。如孙雅娜和边恕(2007)选取政府平均规模和干预程度、国有化程度、市场规模、开放度、基础设施建设、技术水平、产业结构、平均工资八项指标对我国30个省域的产业承接力进行了比较研究。闫安等(2012)从基础设施建设水平、经济发展水平、市场吸引能力、科技创新能力、产业结构水平和开放合作程度六个方面,选取了24个指标对东部地区、东北地区、中部地区和西部地区进行评价,结果表明,我国四大经济区域的产业承接能力呈现出由东往西、延伸递进、不断渗入的趋势。罗哲等(2012)选取了16项指标,对西部地区承接产业转移的能力进行了定量测度,结果表明,四川、内蒙古、陕西为前三甲,其中四川具有绝对领先地位,而宁夏、青海和西藏则为倒数后三位。韩晓伟(2013)从自然因素、经济社会因素、产业生态环境和政府政策四方面选取18个指标,从吸引力、选择力、支撑力和发展力四个层面对中西部20个省市区进行了详细考察。总结现有研究可以发现,关于产业承接力的文献相对有限,且主要偏向于产业承接力的内涵和影响因素等理论探讨,而考虑产业转移与承接整体过程,从产业吸引、产业支撑到产业发展角度设计指标体系并进行功能分析的文献尚不多见,进一步以产业承接力为基础,综合考虑国家战略、地区规划、资源禀赋等内容探讨承接地选择重点行业的研究更为缺乏。

（二）产业承接力的概念、结构及功能分析

产业承接力是指一个国家或地区在一定时期和一定技术组织条件下所拥有的,进而提升产业结构、促进区域经济发展的能力,从低到高分别由产业吸引力、产业支撑力和产业发展力三部分构成。其中,产业吸引力是由承接地区自然资源禀赋、成本优势、市场规模与潜力、集聚效应、政策优惠和环境容量等共同形成的吸引产业落地的能力;产业支撑力是指支撑落地产业得以存续的能力,包括转移产业承接载体的交通基础设施、信息化水平、政府公共服务等软硬环境因素;产业发展力是指存续产业与本地原有产业基础融为一体形成区域优势突出的产业链,使本地产业规模不断扩大、结构不断完善的融合提升能力,主要包括技术创新、金融支持和制度环境。产业吸引力的大小决定了转移产业进入承接地的意愿,产业支撑力的大小关系到落地产业生根存续的问题,而产业发展力则反映了存续的落地产业可持续发展壮大的可能性。这三种力有时间上的延续性和功能上的继承性,同时每一种能力与产业承接力之间是局部与整体的关系,一旦离开整体便没有存在的意义,缺少任何一种能力,产业承接力便不完整,其功能也难以发挥。[①]

二、评价指标体系设计

在对产业承接力的概念、结构与功能剖析的基础上,本章充分考虑产业承接力形成的客观原因、基本特征和影响因素,结合指标设计的客观性、全面性和可比性等原则,构建了产业承接力综合评价指标体系(见表4-1)。

---

① 孙世民、展宝卫:《产业转移承接力的形成机理与动力机制》,《改革》2007年第10期,第121—125页。

表 4-1 产业承接力综合评价指标体系

一级指标	二级指标	三级指标	计量指标
产业吸引力	自然资源禀赋	矿产资源	黑色矿产资源储量
			能源矿产资源储量
			有色金属和非金属矿产储量
	成本优势	土地成本	工业用地价格
		劳动力成本	职工平均工资
	市场吸引力	市场潜力规模	人口规模
		居民消费水平	消费水平/人口
	集聚效应	企业集聚	企业单位数/建成区面积
		人口集聚	城市人口密度
		产业集聚	工业总产值/建成区面积
	政策吸引	优惠政策指数	国家开发区数×2+省级开发区数
	环境容量	废气排放量	二氧化硫、氮氧化物和烟（粉）尘排放总量
产业支撑力	交通基础设施	客运周转量	客运周转量×平均运距
		货运周转量	实际货运数×平均运距
	通讯信息服务	邮电业务	邮电业务总量
	政府调控与服务	政府调控能力	人均地方财政收入
		政府效率	党政机关、社会团体从业人员/GDP
产业发展力	技术创新	研发费用投入	研发经费/GDP
		人才素质	大中专人数/从业人员总数
	金融支持	资本形成	社会固定投资资产形成总额
		金融发展	金融机构年末各项贷款余额/GDP
	制度环境	产权制度	非国有企业生产总值/工业生产总值
		财政分权制度	人均地方财政支出/人均中央财政支出
		知识产权保护制度	国内三种专利授权数

三、产业承接力综合评价

(一)评价方法

基于因子分析法既不受到因素相关性的制约,又能够根据数据的内在规律客观计算,且已被广泛地运用到综合评价中,本章选用因子分析法对 24 个计量指标数据进行综合评价分析。所使用的西部 11 个省(区市)[①]的原始数据均来自 2012 年的《中国统计年鉴》和《中国国土资源统计年鉴》。在进行因子分析前对数据进行如下处理:首先,进行逆向指标值处理,即使用公式(4-1)对土地成本、劳动力成本、环境容量和政府效率四个计量指标数据进行变换。其次,对数据进行标准化处理,并对标准化后的数据进行 KMO 检验和巴特利球型检验,结果均通过检验。

$$x_i = (x_{max} - x_i) / (x_{max} - x_{min}) \qquad (4-1)$$

本部分采用主成分分析法对标准化后的数据进行因子分析。由于产业承接力由产业吸引力等三个一级指标体系构成,并且各个一级指标体系含有若干个不平衡的计量指标,因此,先对三个一级指标体系进行因子分析和提取公共因子。具体根据特征值大于 1 或累计方差贡献率达到 80% 的原则提取公共因子。同时,采用最大方差法正交旋转法对因子载荷矩阵进行旋转,根据因子得分矩阵构建因子得分方程计算各因子得分,并以每个公共因子对应的特征值占所有的公共因子特征值总和的比重为权数,构建产业吸引力、产业承接力和产业发展力的综合评价模型(4-2),并计算得到相应的综合指数。同样地,使用相同的方法和步骤,将产业吸引力指数、产业支撑力指数和产业发展力指数合成为产业承接力指数。

$$F = \sum_i^n (a_i / \sum_i^n a_i) f_i \qquad (i=1,2,3,\cdots) \qquad (4-2)$$

---

① 因西藏自治区相关统计数据不全,本章未进行计算分析。

其中,α_i 为第 i 个公共因子对应的特征值,f_i 为第 i 个因子的得分。

（二）结果分析

通过计算得到西部地区 11 个省区市（除西藏之外）产业承接力及其子系统指数（见表 4-2）,下文将结合各省区市实际情况进行具体评价。

表 4-2　西部地区产业承接力指数

地　区	产业承接力指数	排序	产业吸引力指数	排序	产业支撑力指数	排序	产业发展力指数	排序
四　川	0.98	1	0.66	2	0.92	2	1.27	1
内蒙古	0.50	2	-0.38	10	1.03	1	0.26	3
广　西	0.42	3	0.17	5	0.54	3	0.26	4
重　庆	0.41	4	-0.33	9	0.46	5	0.83	2
陕　西	0.17	5	0.73	1	0.50	4	0.23	5
均　值	0.00	6	0.07	7	0.00	6	0.00	6
云　南	-0.24	7	0.39	4	-0.31	8	-0.22	8
新　疆	-0.35	8	0.12	6	-0.27	7	-0.88	12
贵　州	-0.36	9	0.01	8	-0.68	11	-0.46	10
宁　夏	-0.38	10	-1.21	12	-0.60	9	-0.10	7
甘　肃	-0.41	11	0.52	3	-0.62	10	-0.44	9
青　海	-0.74	12	-0.68	11	-0.98	12	-0.74	11

1. 产业吸引力评价

总体评价:由表 4-2 可知,西部地区产业吸引力指数得分值最高的为陕西(0.73),最低的为宁夏(-1.12),极差为 1.85。西部地区产业吸引力指数的均值为 0.07,高于均值的有四川、内蒙古、广西、重庆和陕西。结果表明,西部地区产业吸引力指数得分整体偏低、差异较大,呈现出四川和陕西双核空间结构特征。

结构分析:通过分析可知,产业吸引力指数包含三个公共因子。第一公共因子的方差贡献率为 30.24%,分别在土地成本、劳动力成本和人口集聚指标的因子载荷得分矩阵较大,代表成本因素,得分前三位的分别为甘肃、云南和陕西;第二公共因子的方差贡献率为 27.18%,分别在矿产资源、市场潜力规模和政策优惠指标的因子载荷得分矩阵较大,得分前三位的分别为四川、新疆和内蒙古;第三公共因子的方差贡献率为 14.95%,分别在消费水平、企业集聚、产业集聚和环境容量指标的因子载荷得分矩阵较大,得分前三位的分别为陕西、重庆和四川。结果表明,构成产业吸引力的最重要因素是成本因素、矿产资源和集聚因素。

2. 产业支撑力评价

总体评价:由表 4-2 可知,产业支撑力指数值最高的为内蒙古(1.03),最低的为青海(-0.98),极差为 2.01,均值为 0。结果表明,西地区产业支撑力得分整体较低且差异较大,呈现出四川和内蒙古明显高于其他地区的双核空间结构特征。

结构分析:本部分通过主成分分析法提取了两个公共因子,其方差贡献率分别为 45.77% 和 40.89%,占总方差的 86.66%。根据因子载荷矩阵可知,第一公共因子在政府调控能力和政府效率因素指标的因子载荷得分矩阵较大,得分前三位的分别为内蒙古、重庆、陕西;第二公共因子在交通基础设施和通讯信息服务因素指标的因子载荷得分矩阵较大,得分前三位的分别为四川、广西和陕西。

3. 产业发展力评价

总体评价:由表 4-2 可知,产业发展力指数最高的是四川(1.27),最低的是新疆(-0.88),极差为 2.15,均值为 0。结果表明,西部地区产业发展力整体水平偏低且极差大,呈现四川和重庆两地明显高于其他地区的空间分异现象。

结构分析:本部分通过主成分分析法提取了三个公共因子,其方差贡献率分别为 50.86%、21.84% 和 14.87%,占总方差的 87.18%。第一公共因子在产权制度、知识产权制度和财政分权制度指标的因子载荷得分矩阵较大,表明影响产业发展力最主要的是产权制度因素,得分前三位的分别为四川、内蒙古和广西;第二公共因子在研发费用投入和人才素质指标的因子载荷得分矩阵较大,表明技术因素的重要性,得分前三位的分别为陕西、重庆和四川;第三公共因子在金融发展和资本形成指标的因子载荷得分矩阵较大,表明金融因素的重要性,得分前三位的分别为重庆、四川和内蒙古。

4.产业承接力评价

总体评价:产业承接力指数值最高是四川(0.98),显著高于其他地区,最低的是青海(-0.74),极差为1.72,均值为0,低于均值的有云南、新疆、贵州、宁夏、甘肃和青海。结果表明,西部地区产业承接力整体水平均较低、极差较大,呈现四川明显高于其他地区的单极空间结构特征。

结构分析:从产业承接力三大系统的横向比较来看,高于产业承接力均值的地区其产业吸引力明显低于产业支撑力和产业发展力;而低于均值的地区则具有较高的产业吸引力。如以产业承接力指数最高的四川为例,其产业支撑力指数和产业发展力指数分别为1.27和0.92,其产业吸引力指数却仅为0.66;而产业承接力指数最低的青海,其产业支撑力指数和产业发展力指数分别为-0.74和-0.98,其产业吸引力指数却仅为-0.68。可见,由内生比较优势决定的产业支撑力和产业发展力,将成为区域经济发展较高阶段时产业承接力的重要内容。

第二节 各省(区、市)承接产业转移的重点行业选择

一、各省(区、市)优势产业分析

西部地区依托优势产业承接产业转移能够充分发挥其产业承接

力,进而提高产业转移的成功率和正向效应,因此需要分析西部地区具有竞争优势和产业基础的优势产业。本节借鉴贺清云、蒋菁、何海兵等学者的研究思路和方法[①],使用产业梯度系数(IGC)计算得到各地区的优势产业见表4-3。

产业梯度系数主要受两个因子的影响:一是用比较劳动生产率(CPOR)来表示的创新因子,它取决于本地区该产业劳动者的技能、技术创新水平和转化为生产的能力等因素与全国平均水平的比较。二是用区位商(LQ)来表示的产业集中因子,即专业化生产程度,它取决于本地区该产业对自然资源利用程度、专用设备和专业技术人员的多少等因素与全国同行业的比较。公式为:

$$F = \sum_{i}^{n}\left(\alpha_i / \sum_{i}^{n} \alpha_i\right) f_i \tag{4-3}$$

$$LQ_{ij} = \frac{\dfrac{X_{ij}}{\sum\limits_{i=1}^{m} X_{ij}}}{\dfrac{\sum\limits_{j=1}^{n} X_{ij}}{\sum\limits_{i=1}^{m} \sum\limits_{j=1}^{n} X_{ij}}} \tag{4-4}$$

$$IGC = LQ_{ij} \times CPOR \tag{4-5}$$

其中,i表示地区,共m个;j表示产业,共n个;X可以是产业销售收入、企业数量、企业从业人数、产业增加值和总产值等指标;L_{ij}表示地区i产业j的就业人数。

由表4-3可知:第一,西部地区产业梯度系数不高,行业差异较大,具有明显优势的是资源密集型产业。第二,四川、内蒙古、甘肃和青海具有的优势产业数目相对较多,产业发展基础较好。第

---

① 贺清云、蒋菁、何海兵:《中国中部地区产业承接的行业选择》,《经济地理》2010年第6期,第960—964页。

三,重庆、四川和陕西在劳动力密集制造业、交通运输、电子通信、机械器材等行业具有相对优势。第四,内蒙古、新疆、甘肃和陕西在资源密集型产业方面具有显著优势,其有色冶金和化工行业也具有明显优势。

表4-3　西部地区产业梯度系数反映的优势产业

地　区	优　势　产　业
内蒙古	煤炭开采和洗选业(4.23);有色金属矿采选业(2.92);黑色金属矿采选业(2.02);非金属矿采选业(1.76);电气机械及器材制造业(1.99);食品制造业(1.54);有色金属冶炼及压延加工业(1.49);电力、热力的生产和供应业(1.44);专用设备制造业(1.3072)
重　庆	纺织服装、鞋、帽制造业(3.33);交通运输设备制造业(2.60)
四　川	饮料制造业(3.58);非金属矿采选业(2.00);电气机械及器材制造业(1.62);医药制造业(1.36);有色金属矿采选业(1.29);非色金属冶炼及压延加工业(1.23);纺织服装、鞋、帽制造业(1.20);农副产品加工业(1.19);黑色金属矿采选业(1.15);石油和天然气开采业(1.08);煤炭开采和洗选业(1.05);通信设备计算机及其他电子设备制造业(1.03)
贵　州	烟草制品业(3.09);煤炭开采和洗选业(2.91);饮料制造业(2.27);电力、热力的生产和供应(1.72);非金属矿采选业(1.26);医药制造业(1.26)
云　南	烟草业(9.26);有色金属冶炼及压延加工业(1.91);有色金属矿采选业(1.73);电力、热力的生产和供应(1.02);黑色金属矿采选业(1.01)
广　西	有色金属矿采选业(1.82);农副产品加工业(1.36);非金属矿采选业(1.21)
陕　西	石油和天然气开采业(4.71);煤炭开采和洗选业(2.44);石油加工炼焦加工业(1.70)
甘　肃	石油和天然气开采业(3.29);石油加工及炼焦加工业(3.06);有色金属冶炼及压延加工业(2.59);烟草业(1.32);黑色金属冶炼及压延加工业(1.24);电力、热力的生产和供应业(1.24);有色金属矿采选业(1.11)
青　海	石油和天然气开采业(5.49);有色金属冶炼及压延加工业(3.63);有色金属矿采选业(2.31);煤炭开采和洗选业(1.29);电力、热力的生产和供应(1.43);化学原料及化学制品制造业(1.14)
宁　夏	煤炭开采和洗选业(2.91);电力、热力的生产和供应(2.47);有色金属冶炼及压延加工业(1.81);石油加工及炼焦加工业(1.18);食品制造业(1.01)
新　疆	石油和天然气开采业(8.56);石油加工业及炼焦加工业(3.05);化学纤维制造业(1.15)

资料来源:根据2012年《中国工业统计年鉴》整理得到。

二、各省(区、市)产业发展规划

国家"十二五"规划明确提出实施主体功能区战略,到 2020 年基本形成主体功能区布局,此背景下的西部地区重点承接行业选择也应更加突出主体功能区的框架约束。本节按照低层次服从高层次、专项规划细化主体功能区规划的原则对相关规划进行筛选后,对国家级经济区战略规划、各省市"十二五"规划纲要、国家及省(区、市)主体功能规划区、产业专项规划等相关规划进行梳理分析(见表 4-4),以切实将产业规划布局作为行业选择的重要指导方针。

由表 4-4 可知:第一,西部地区及各省(区、市)规划发展产业门类较为齐全,且各省(区、市)及其各地区也突出了各自的重点发展产业,产业区域分工相对明确。第二,各地区规划产业发展的层次性较为明显。例如,规划主要突出大力改造提升钢铁、机械制造等传统制造业,重点发展先进制造业,积极培育新能源、新材料等新兴产业;中心城市主要发展先进制造业和新兴战略产业,而次级中心或边缘城市主要发展资源能源、劳动力密集型产业。第三,西部地区规划发展中资源密集型和劳动力密集型产业较为突出。第四,西部地区的国家级经济发展战略规划区、以省会城市为中心的城市圈和城市群成为产业规划发展的重点地区,也是承接产业转移的优选地。例如,呼包鄂榆地区重点发展能源、煤化工、农畜产品加工和稀土新材料产业;北部湾经济区重点发展进出口加工制造业、电子信息、生物产业;成渝经济区重点发展高新技术产业、汽车摩托车、石油天然气化工、装备制造,电子信息、生物医药、新能源和农产品加工业;滇中地区重点发展化工、冶金和生物为重点的资源精深加工业。

表4-4 西部各省区市产业发展规划

地 区	产业规划布局
新 疆	1.天山北坡地区： 　　（1）乌鲁木齐—昌吉经济区：能源矿产资源精深加工、先进制造业和战略性新兴产业 　　（2）吐鲁番—哈密经济区：石油天然气开采及加工产业、无机盐化工产业 　　（3）石河子—玛纳斯—沙湾经济区：纺织、绿色食品加工 　　（4）奎屯—克拉玛依—乌苏经济区：能源、轻工业 　　（5）博乐—阿拉山口—精河经济区：农产品加工、进出口产品加工 　　（6）伊宁—霍城—察布查尔经济区：现代煤化工、特色农牧产品加工 2.天山南坡产业带：石油天然气、煤化工、盐化工、纺织、农副产品精深加工 3.喀什-阿图什地区：民族特色产品加工、机电产品配套组装加工、农副产品深加工、纺织、建材、冶金、进口资源加工 4.和田地区：特色农副产品精深加工、新型建材、维吾尔医药、民族传统加工业
内蒙古	1.呼包鄂核心圈： 　　（1）呼和浩特：生物技术和生物医药、农畜产品加工业 　　（2）包头：钢铁、装备制造业、稀土新材料、重型汽车、新能源汽车、综采设备、铁路车辆、工程机械、风电设备、机电设备 　　（3）鄂尔多斯：能源、煤化工、纺织、煤化工 2.以集宁区为中心、以京包沿线为主轴的产业带：农畜产品生产加工业、氟化工产业 3.以临河区为中心的绿色农畜产品和矿产资源深加工产业基地：食品精深加工业、有色及精深加工业 4.乌海市为中心"小三角"经济区：盐碱化工、煤焦化、特色冶金产业、PVC和铁合金生产加工业 5.乌兰浩特：农畜水产品生产加工、煤炭深加工、冶金、建材、能源、生物制药 6.霍林郭勒：煤炭、电力、冶金 7.赤峰：绿色有机农畜水产品生产加工、有色金属生产加工、新能源和生物制药 8.乌兰察布：冶金建材、有机硅、氟化工、石墨、PVA等资源加工、煤炭机械、农畜产品加工、纺织服装
宁 夏	1.沿黄经济区：能源产业、农副产品加工、轻纺加工、煤化工、医药 2.固原区域：煤电、盐化工、纺织、草畜、马铃薯、特色林果加工业
青 海	1.东部地区：铝及铝合金铸锭、镁合金压铸件黑色有色金属加工业，多晶硅、硅片、电池片、电池组件的太阳能光伏产业，数控机床成套设备、石油机械制造、环卫设备、量具刀具等制造业，中藏药等特色生物资源加工产业 2.柴达木地区：盐湖化工产业、镁及镁深加工产业、锂产业、有色金属产业和钢铁产业、生物科技与生物制药、高原有机食品加工业 3.环青海湖地区：农畜产品加工业、特色旅游业 4.三江源地区：生态畜牧业、高原特色旅游业、农畜产品加工业和民族手工业 5.沿黄河发展带：电力、特色农牧业和旅游业 6.沿湟水发展带：特色农牧业、矿产资源精深加工业

续表

地　区	产业规划布局
甘　肃	1. 兰白核心经济区:石油化工、有色冶金、装备制造、新材料、生物医药、特色农产品加工 2. 酒嘉经济区:冶金、石化、新能源及其装备制造业、特色农产品加工业 3. 张掖经济区:农产品加工、钨钼冶炼加工、光伏发电设备制造业及新材料产业 4. 金武经济区:有色金属工业、新能源、医药、纺织、碳基新材料和氟化工、特色农产品加工业和食品加工 5. 天水:机械制造、电工电器、电子信息、风力发电 6. 平庆:石油化工、煤化工、煤电冶一体化、出口型农产品加工业 7. 陇东南:有色金属资源和特色农产品加工
陕　西	1. 关中地区: 　(1)西安:航空航天、电子信息、装备制造、工程机械、生物制药、食品加工、服装纺织 　(2)咸阳:民用飞机零部件制造、装备制造、电子信息、新能源设备制造、新材料 　(3)宝鸡:机床制造业、重型汽车制造、铅和锌金属加工制造、钛材料研发和生产 　(4)铜川:能源和建材业、陶瓷、铝加工、农副产品加工 　(5)渭南:钼深加工、机械电子、生物医药、农副产品加工、煤化工 　(6)商洛:钼和钛加工、多晶硅材料、现代中药、绿色食品加工 　(7)杨陵区:生物育种、生物制药、食品加工、装备制造 2. 榆林北部地区:能源化工、特色农业 3. 延安区块:能源化工、石油装备制造、石油开采加工和矿山机械设备制造 4. 汉中区块:中药材、茶叶、果业等特色农业,新能源、有色冶金、装备制造、生物医药、新材料 5. 安康区块:清洁能源、装备制造、富硒食品、生物医药产业
重　庆	1. 核心产业区: 　(1)北部产业区:汽车制造、电子信息、智能化仪器仪表、新医药及生物医学工程 　(2)东部产业区:装备制造、电子信息、会展 　(3)南部产业区:汽车摩托车及零部件、食品工业、机械制造 　(4)西部产业区:集成电路、软件及服务外包、铝加工、仪器仪表 2. 四大产业密集带: 　(1)渝涪高速公路沿线产业密集带:化工、冶金、医药、食品、轻纺、机械、建材 　(2)成渝高速公路沿线产业密集带:机械加工、汽车摩托车零部件、造纸、食品、制鞋、饲料兽药 　(3)渝遂高速沿线产业密集带:新型建材、能源、机械加工、纺织服装制鞋、食品加工 　(4)渝黔高速公路沿线产业密集带:能源化工、煤化工、有色冶金、农产品加工 3. 渝东北重点开发区: 　(1)万州:化工、高技术产业、轻纺食品加工、装备制造、服务业

地 区	产业规划布局
重 庆	(2)开县:轻纺食品、能源产业、建材、中药材、旅游 (3)丰都:旅游、精细化工、船舶制造、轻纺食品、建材 (4)忠县:装备制造、特色资源深加工、新型建材、旅游等 (5)垫江:化工、汽摩及风电零部件制造、乡村旅游、商贸物流、农产品加工 (6)梁平:轻纺食品、陶瓷制品制造、文化旅游、机械制造、现代农业 4.黔江重点开发区域: (1)武隆:旅游、清洁能源、矿电联营产业 (2)彭水:清洁能源、烟叶复烤、旅游 (3)云阳:非金属矿物制造、绿色食品加工、旅游业 (4)奉节:能源产业、以脐橙为重点的绿色食品加工业、旅游 (5)巫山:旅游、烤烟、煤炭产业 (6)巫溪:清洁能源、生态旅游 (7)石柱:农副产品种养及加工、黄连等地中药材种植及现代制药、旅游 (8)秀山:边贸物流、锰等金属矿物深加工业、旅游、特色中药材深加工、生态农业 (9)酉阳:林浆纸一体化产业、中药材产业、旅游 (10)城口:旅游、农林产品加工、采掘业、中药材、清洁能源
四 川	1.成都平原地区:电子信息、先进装备制造、生物医药、石化、农产品加工、新能源等产业 2.川南经济区:机械制造、能源、化工、农产品加工业、新材料、节能环保、生物 3.川东北经济区:清洁能源和石油、天然气化工、农产品加工业、机械加工、轻纺 4.攀西经济区:钒钛产业、水电能源开发、亚热带特色农业 5.川西北生态经济区:清洁能源、生态特色农业
贵 州	1.黔中地区: (1)贵阳:装备制造、生物制药、新材料电子信息、特色食品、烟酒 (2)安顺:航空、汽车及零部件为重点的装备制造业、绿色轻工业 (3)遵义:装备制造业、汽车及零部件、金属冶炼及深加工、新材料、新能源 (4)都匀—凯里:磷化工 (5)毕节:汽车、煤化工、加工制造、特色食品 2.钟山—水城—盘县区域:能源、原材料及加工、冶金、煤化工、装备制造、建材 3.兴义—兴仁区域:能源、煤化工、黄金工业、特色食品、绿色轻工 4.碧江—万山—松桃区域:锰及锰加工、精细化工、新材料、特色食品
云 南	1.滇中地区:化工、冶金、生物、烟草、装备制造、金属冶炼及加工、光电子、汽车及零部件 2.三极: (1)曲靖:煤化工、煤电、汽车零部件、有色金属冶炼及加工、机械制造、光电子产业、烟草、农产品加工 (2)玉溪:烟草、塑料、煤电、钢铁、建材、橡胶。 (3)楚雄:生物制药、绿色食品加工

续表

地　区	产业规划布局
广　西	1. 南宁板块:生物制药、电子信息、精细化工、先进制造技术设备制造、有色冶金及深加工、食品加工、旅游、高新技术产业 2. 柳州板块:汽车、机械、化工、有色金属、特色效益农业和食品加工业 3. 桂林板块:旅游业、文化创意、电子信息、医药、生物、特色效益农业和食品加工业 4. 梧州板块:再生资源利用、陶瓷、林产林化、中草药等特色种养及加工业 5. 贵港区块:建材、冶金、特色农产品生产和加工 6. 玉林区块:机械、医药、建材、良种繁育基地 7. 百色区块:铝业、能源、石化、农产品加工业 8. 河池区块:有色金属及新材料、化工、茧丝绸 9. 贺州区块:能源、林产林化、电子信息、生态农业 10. 来宾区块:电力、糖业、有色金属精深加工、物流 11. 崇左区块:制糖和锰精深加工产业

资料来源:根据国家"十二五"发展规划以及各省区市"十二五"发展规划整理而得。

三、各省(区、市)重点承接行业选择

　　西部地区的产业承接力之所以较弱,主要原因在于其产业发展力和支撑力较低。在今后的产业承接中,西部地区应在充分发挥其能源、金属资源优势及西部大开发政策的背景下,优化制度安排、加强基础设施建设和提高政府服务水平,突出四川、重庆、内蒙古、陕西等承接能力较强的重点区域在产业承接中的重要作用,进而辐射带动周边地区发展,并加强各地区的分工与协作。同时,西部地区还应以主体功能区中的重点开发区、国家级经济发展战略规划区、都市圈、城市圈(群)为重点地区,结合表4-4的产业发展规划承接相关产业,加强承接能力的薄弱环节建设,再分析各地区的产业承接力及优势产业,结合各省区市产业发展规划确定其承接的重点行业(见表4-5)。概括而言,西部地区拥有丰富的能源、金属资源,在机械制造业、航空航天和专用设备装备制造业及能源化工等方面具有良好基础,所以应重点承接能源化工、专用设备和重型机械等产业;同时由于西部地区具有丰富的劳动力资源和沿边地缘优势,所以应重点承接纺织服装、轻工制品等外向型制造业。

表4-5 西部各省(区、市)承接产业转移的重点行业

地 区	承接的重点行业
内蒙古	能源化工、冶金加工、钢铁、机械制造、专用设备、汽车制造、食品加工、新材料
重 庆	电子信息、造纸及纸制品业、交通运输设备制造、仪器仪表、食品加工、石油化工、纺织服装和鞋帽制造、办公用机械制造业
四 川	医药制药、装备制造、电子信息、食品加工、纺织服装和鞋帽制造、造纸印刷、冶金加工、机械制造、金属制品、新材料
贵 州	食品加工、烟草、能源化工、机械制造
云 南	黑色金属冶炼及压延加工业、有色金属冶炼及压延加工业、烟草、生物制药、橡胶制品
广 西	船舶制造、石油化工、冶金加工、食品加工、生物制药
陕 西	航空航天、装备制造、电子信息、食品加工、能源化工、生物制药、纺织服装、汽车、新材料
甘 肃	能源化工、冶金加工、新能源及装备制造、食品加工、制药、电气机械及器材制造业
青 海	冶金加工、盐湖化工、新能源、新材料、电力热力的生产和供应业
宁 夏	能源化工、纺织、食品加工
新 疆	能源化工、黑色金属冶炼及压延加工业、化学纤维、纺织、电气机械及器材制造业、烟草业

第五章 西部地区承接产业转移的
重点地区选择

产业转移和承接都必须落实在具体的地域空间上,西部地区承接国内外产业转移既是国家宏观经济格局调整的过程,又是产业转移企业和承接地企业区位再选择的过程。西部地区地域辽阔,各地发展条件差别较大,从现有发展基础看,并不是所有地区都具备大规模承接产业转移的条件。因此,西部地区承接产业转移时必须按照"发挥优势、突出重点、以点带面、逐步推进、优化结构"的原则,合理安排产业承接的空间时序,加强西部产业转移示范基地建设,引导和促进沿海产业和外商投资向这些地区集中,使之成为沿海产业转移的重要承接地,以确保西部地区承接产业的效率和协调性。

第一节 西部地区产业承接能力评价模型

一、相关研究演进

根据研究视角差异可将承接产业转移的研究文献划分为基于产业移出地的区位选择视角和基于产业承接地的承接能力视角两大类。

部分学者基于产业移出地的区位选择视角研究,主要通过对产业移出地成本、技术、资源、环境、市场等要素对当地企业、产业转移的倒逼机制分析,借助区位理论从产业转移的资源、技术、制度、政策等角度对产业承接地的区位选择进行分析。程和恺万（2000）研究了1985—1999年中国29个省份吸引对外直接投资的情况，发现市场规模、基础设施状况、政策因素是决定对外投资分布的主要因素。张彦博（2010）建立了一个由跨国公司和东道国企业所构成的寡头垄断的产量竞争模型，研究了成本因素对外商直接投资在东道国的投资区位选择与撤资的影响，发现在聚集经济效应相同时成本优势越大的地区，对FDI的吸引力越大，FDI的聚集规模也越大。刘友金等（2011）运用区位进入理论构建中部地区承接沿海产业转移的竞争力评价指标体系，利用主成分分析方法进行定量评价，对中部各省承接沿海产业转移的综合竞争力进行了评价，提出了中部各省承接沿海产业转移空间布局的对策建议。

部分研究者基于产业承接地视角，主要通过评价产业承接能力来确定产业承接地的类型及其产业承接时序。廖和芸（2006）建立了由吸引力、鉴别力、支撑力、发展力四大类28个指标构成的产业承接力评价指标体系，采用模糊层次分析法对江苏北部5个城市的产业承接能力进行了定量评价。马涛等（2009）采用主成分分析法，使用2006—2009年我国各省区工业相关数据，对我国各省区工业承接产业转移的能力进行评价和比较。徐艳飞等（2010）使用自然资源丰度和社会经济资源丰度两个指标对中国西部地区省份承接产业转移的能力进行了评价，根据评价结果将西部省份划分为优先承接区、一般承接区和承接障碍区三大类型区。沈惊宏等（2010）通过测试皖江各城市与长三角城市综合联系值，从区域联系角度评估了皖江城市带各城市承接长三角产业转移的可能规模梯度。

从有关我国西部地区研究成果看，已有研究多从全国、省区、地市三个尺度探讨西部地区产业承接的重点区域选择，很少从县级层面对西部地区及其各省区的产业承接重点区域选择问题进行研究，西部地区承接国内外转移缺乏有序的空间推移规划，严重制约了西部地区承接产业转移的针对性和效率。本章以西部地区的县区级行政区为评价单元,通过对西部县区产业承接水平的定量评价,甄选西部地区承接国内外产业转移的重点地区,为西部地区承接国内外产业转移提供参考。

二、西部地区产业承接能力评价模型

由于西藏自治区数据缺失较为严重,本章将除西藏自治区之外的西部地区 11 个省区 1011 个县(区、旗)行政单位作为评价对象,从吸引力、支撑力视角,采用综合指数法甄选西部地区承接国内外产业转移的重点区域。

(一)评价模型设计

西部地区承接国内外产业转移能力综合指数计算公式:

$$F_i = \sum_{j=1}^{n} w_j x_{ij} \tag{5-1}$$

其中:F_i 表示第 i 个地区承接产业转移能力的综合得分;w_j 表示第 j 个指标的权重;x_{ij} 表示第 i 个地区第 j 个标准化的数据。

(二)指标选择

从承接产业转移的动力机制来看,西部地区在承接国内外产业转移时的动力差异主要体现在拉力方面,所以在承接产业重点区域评价时,指标体系选择主要体现在吸引力和支撑力方面。按照"代表性、全面性、可行性、可比性"的指标选择原则,选取人均 GDP(元/人)、工业产值比重(%)、人均地方财政一般预算收入(元/人)、人均全社会零售消费品总额(元/人)等指标作为西部地区承接产业转移能力的评价指标。

1.人均 GDP

人均 GDP 是衡量一个地区经济发展水平的基本指标。许多研究结果和经验表明,地区产业承接的竞争力和经济发展水平呈正向变化,一个地区的经济发展水平越高,承接产业转移的吸引力和竞争力越强。

人均 GDP 的计算公式如下：

$$人均 GDP = \frac{地区全年 GDP}{地区年末总人口} \qquad (5-2)$$

2. 工业产值比重

工业产值比重为地区当年工业产值占地区当年 GDP 的百分比，是衡量工业化程度的一个重要指标。从国内外产业转移的实践来看，产业转移主要集中在工业领域，工业化程度较高的地区工业基础较为雄厚，承接产业的技术条件较好，在承接产业转移过程中具有较强的竞争力和支撑力。

工业产值比重的计算公式如下：

$$工业产值比重 = \frac{地区当年工业产值}{地区当年 GDP} \times 100\% \qquad (5-3)$$

3. 人均地方财政一般预算收入

人均地方财政一般预算收入为全年地方财政一般预算收入与地区年末总人口的比值，是反映地方财政自给能力的指标，可反映出地区在公共基础设施建设、公共服务和管理的投入及保障能力，是吸引地方产业转移的重要因素之一。

人均地方财政一般预算收入的计算公式如下：

$$人均地方财政一般预算收入 = \frac{地区全年地方财政一般预算收入}{地区年末总人口}$$

$$(5-4)$$

4. 人均全社会零售消费品总额

人均全社会零售消费品总额为地区全年按照人均计算的批发和零售业、住宿和餐饮业以及其他行业直接售给城乡居民和社会集团的消费品零售额。扩展销售市场是产业转移的重要原因之一，而人均全社会零售消费品总额可反映一定时期内人民物质文化生活水平的提高程度,社会商品购买力的实现程度以及零售市场的规模状况,在一定程度上可反映出当地市场规模及其需求情况。

人均全社会零售消费品总额的计算公式如下:

$$人均全社会零售消费品总额 = \frac{地区全社会零售消费品总额}{地区年末总人口}$$

(5-5)

(三)数据来源

基础数据主要来源于 2011 年的《中国区域经济统计年鉴》,此年鉴中没有纳入统计的部分县区的基础数据主要来源于 2011 年的《中国县(市)社会经济统计年鉴》、《内蒙古统计年鉴》、《甘肃发展年鉴》、《青海统计年鉴》、《宁夏统计年鉴》、《陕西统计年鉴》、《新疆统计年鉴》、《四川统计年鉴》、《重庆统计年鉴》、《云南统计年鉴》、《广西统计年鉴》、《贵州统计年鉴》。

(四)指标权重和数据标准化

1. 指标权重确定

评价指标的权重确定采用变异系数法。变异系数法是一种直接利用各项指标所包含的信息,通过计算得到指标权重的客观赋权方法。变异系数法确定指标权重的思想是,在评价指标体系中,指标取值差异越大的指标,也就是越难以实现的指标,这样的指标更能反映被评价单位的差距。

由于评价指标体系中的各项指标的量纲不同,不宜直接比较其差别程度。为了消除各项评价指标量纲不同的影响,需要用各项指标的变异系数来衡量各项指标取值的差异程度。各项指标的变异系数公式如下:

$$V_i = \frac{6_i}{\bar{x}_i} \quad (i=1,2,\cdots,n)$$

(5-6)

其中:V_i 是第 i 项指标的变异系数,也称为标准差系数;6_i 是第 i 项指标的标准差；$\bar{x}_i$ 是第 i 项指标的平均数。

各项指标的权重为：

$$W_i = \frac{V_i}{\sum\limits_{i=1}^{n} V_i} \tag{5-7}$$

根据变异系数法确定的西部地区承接产业转移能力的各项指标权重如表5-1所示。

表5-1　西部地区承接产业转移能力评价指标的权重（2010年）

指　标	人均GDP（元／人）	工业产值占GDP比重（%）	人均地方财政一般预算收入（元）	人均社会消费品零售总额（元）	总　和
平均数	22936	33.69	4942	4958	-
标准差	34542	65	6541	6837	-
变异系数	1.51	1.93	1.32	1.38	6.14
权　重	0.245	0.314	0.216	0.225	1.000

2. 数据标准化

在确定了各指标的权重后，为消除不同指标量纲和指标自身变异大小和数值大小对评价结果产生的影响，需对原始数据进行标准化处理。本书在评价西部地区产业承接能力时采用离差标准化方法对原始数据进行标准化处理。离差标准化是最常用的数据标准化方法之一，该方法通过对原始数据进行线性变换，在保证保留了原始数据之间线性关系的同时，使标准化后的数据取值在[0,1]之间。离差标准化的公式如下：

$$x'_{ij} = \frac{x_{ij} - \mathrm{Min}x_j}{\mathrm{Max}x_j - \mathrm{Min}x_j} \tag{5-8}$$

其中：x'_{ij} 为第 i 地区第 j 个指标标准化后的数据；$\mathrm{Min}x_j$ 为第 j 个指标样本原始数据的最小值；$\mathrm{Max}x_j$ 为第 j 个指标样本原始数据的最大值。

第二节　各省(区、市)承接产业转移的
重点地区选择

在进行原始数据的标准化处理后,按照西部地区承接产业转移能力综合指数计算公式和各指标权重,计算各地承接产业转移能力的综合指数,并将其值划分为五个区间。以国家基础地理信息中心全国1∶400万数据地图为底图,借助 ArcGIS 9.3 分析软件,通过对各县区得分值的可视化处理,选择产业承接指数最大的区间县(区)作为西部各省(区、市)承接国内外产业转移的重点地区。

一、重庆市承接产业转移的重点区域

重庆市产业承接能力指数表明,其承接产业转移的能力呈现"西强东弱"的格局。重庆市双桥区、南岸区、大渡口区、江北区、九龙坡区等市区及其周边的潼南县、铜梁县、大足县、璧山县的产业承接能力指数均在 0.179 以上,远高于重庆市的其他县(区)(见图 5-1 和附表),为重庆市承接国内外产业转移的重点区域。

重庆市市区及周边潼南县、铜梁县、大足县、璧山县等产业承接能力指数较高的区域均在重庆市"一圈两翼"的 1 小时经济圈内,交通区位条件优越,经济基础较为雄厚,工业化程度较高,是带动重庆区域协调快速发展的动力区域。① 该区域中的两江新区是我国第三个国家级新区,享受国家给予上海浦东新区和天津滨海新区的政策,在土地、财税、金融、投资、外经外贸、科技创新、管理体制等领域先行先试的政策优势显著,现已形成轨道交通、电力装备、新能源汽车、国防军工、电子

---

① 2013 年重庆市发展改革委印发的《重庆沿江承接产业转移示范区规划》中提出,拟建设涪陵、巴南、九龙坡、璧山、永川、大足、荣昌 7 个沿江示范区,高起点、有选择地承接电子信息、装备制造、新材料、生物、化工、轻工、现代服务业七大产业。

信息五大战略性产业,是我国先进制造业基地和现代服务业基地、长江上游金融中心和创新中心。在两江新区的辐射带动下,该区域在西部地区吸引国内外产业转移尤其是装备制造业方面具有较强的竞争优势。

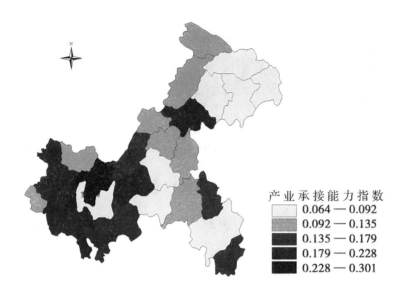

产业承接能力指数
	0.064 — 0.092
	0.092 — 0.135
	0.135 — 0.179
	0.179 — 0.228
	0.228 — 0.301

图 5-1　重庆市各地区产业承接能力指数

二、四川省承接产业转移的重点区域

四川省产业承接能力指数表明,其承接产业转移的能力呈现"东强西弱"的格局,青川县—绵阳市—德阳市—成都市—雅安市—西昌市—攀枝花市一线以东地区的产业承接能力指数大多在 0.127 以上,该线以西地区产业承接指数大多在 0.064 以下(见图 5-2 和附表)。

四川省产业承接能力指数较高的县区主要集中在成都市—绵阳市、眉山市—乐山市、攀枝花市三个地区。成都市—绵阳市地区主要包括绵阳市、德阳市、成都市,此区域工业基础较好,地域上互相靠近,科技领先,交通发达,工业化和城镇化水平高,产业集聚效应明显,经济规模大,是带动西南地区及四川省经济发展的重要增长极和承接国内外产业转移的重要基地。

眉山市和乐山市属于四川省"一核、四群、五带"城镇空间布局中的"成眉乐宜泸"特色城镇发展带,承接电子信息、新能源、新材料、精细化工、机械装备、农副产品精深加工、现代服务业等产业转移的优势较为突出。

攀枝花市位于四川省南部,钒钛磁铁矿及其伴生矿钴、镍、钪、铜、硫等有色资源富集,水电资源丰富,开发潜力较大,是我国西部重要的钒钛、钢铁、能源、化工基地和新兴的工业城市,全市以钢铁、钒钛等高耗能企业为主的工业园区约 13 处,工业产值占 GDP 的比重超过70%[①],在承接有色冶金加工产业方面具有较强的竞争力。

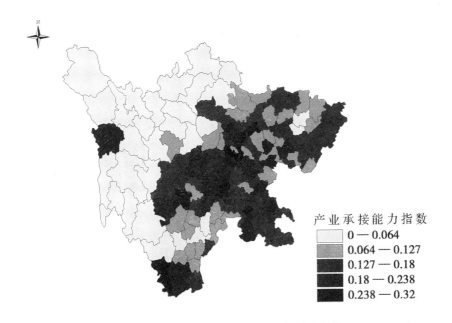

图5-2　四川省各地区产业承接能力指数

产业承接能力指数
0 — 0.064
0.064 — 0.127
0.127 — 0.18
0.18 — 0.238
0.238 — 0.32

---

① 刘峰、阚瑗珂、李国明:《工业园生态化推进的西部典型资源型城市可持续发展研究——以攀枝花为例》,《资源与产业》2012年第1期,第4—11页。

三、贵州省承接产业转移的重点区域

贵州省产业承接能力指数表明,其承接产业转移的能力呈现"东强西弱"的格局。全省产业承接能力指数较高的地区主要包括以贵阳市为中心的黔中地区,以遵义市为中心的黔北地区和以六盘水市为中心的黔西南地区,这些地区的产业承接能力指数大多在 0. 171 以上,远高于省内其他地区(见图 5-3 和附表)。

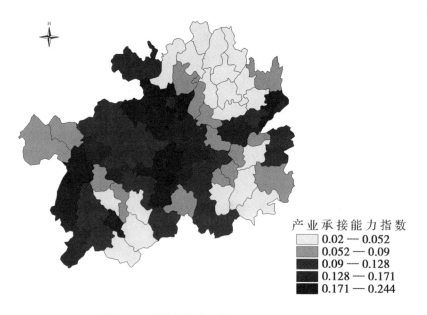

产业承接能力指数
| | 0.02 — 0.052 |
| 0.052 — 0.09 |
| 0.09 — 0.128 |
| 0.128 — 0.171 |
| 0.171 — 0.244 |

图 5-3 贵州省各地区产业承接能力指数

贵阳市是一座以资源开发为主的综合型工业城市,为国务院确定的"黔中产业带"、"成渝经济区"和"泛珠三角经济区"的重要中心城市,也是我国南方重要的磷及磷化工、铝及铝加工、电子信息和航天航空生产基地,工业基础雄厚,区位优势显著,和周边清镇市、龙里县、惠水县经济协作较为紧密,现已初步发展成为带动全市经济发展的"黔中经济圈",产业承接优势较为突出。

以遵义市为中心包括遵义县、绥阳县、怀仁市在内的黔北经济区,地处重庆、贵州交接地带,具有连接成渝经济区和黔中经济区的区位优势,可借助连接成渝经济区和黔中经济区经济走廊的作用,逐步建成有竞争优势的名烟酒茶基地、制造业基地、新材料基地、红色旅游和自然风光旅游目的地。

由毕节、六盘水、兴义等主要城市构成的黔西南地区,为贵州省"毕水兴经济带"增长极,属我国西部重点经济区"南贵昆经济区"的重要组成部分,区内煤炭、水电、矿产等资源丰富,具有通过产业承接发展成为西南地区重要能源、化工、原材料基地的巨大潜力。①

四、云南省承接产业转移的重点区域

云南省产业承接能力指数表明,其承接产业转移的能力地区差异不明显,全省产业承接能力指数较高的地区主要有以昆明、玉溪为中心的滇中地区,以曲靖市为中心的滇东北地区,这些地区的产业承接能力指数大多在 0.196 以上,远高于省内其他地区(见图 5-4 和附表),应将这些地区作为云南省承接国内外产业转移的重点地区。

昆明市、玉溪市和曲靖市属于云南省"一圈一带六群七廊"空间布局中的"滇中城市经济圈",是我国面向西南开放重要桥头堡的核心区域,连接东南亚、南亚国家的陆路交通枢纽,以及西部区域性经济中心、支撑全省经济的重要增长极。在未来的发展中以昆明市、玉溪市和曲靖市为中心的"滇中城市经济圈"可借助其作为全省经济、政治、文化、科技等中心的综合优势,逐步发展成为以化工、有色冶炼加工、生物为

---

① 2010 年贵州省颁发的《贵州省人民政府关于进一步做好承接产业转移工作的意见》(黔府发〔2010〕25 号)中提出,积极支持黔中经济区率先发展,依托贵阳至遵义、贵阳至安顺、贵阳至凯里和都匀三条产业经济走廊,合理布局产业集聚区,承接装备制造、有色冶金、磷煤化工、电子信息、新材料、生物制药、特色食品、劳动密集型加工业和现代服务业等产业转移。支持遵义城乡综合改革试验区承接能源、新材料、装备制造业、优质烟酒、特色食品和现代服务业等产业转移。毕水兴经济带要充分发挥能矿资源优势,积极承接能源、煤化工、冶金、新型建材、装备制造等产业。

重点的区域性资源深加工基地、承接产业转移基地和出口加工基地。

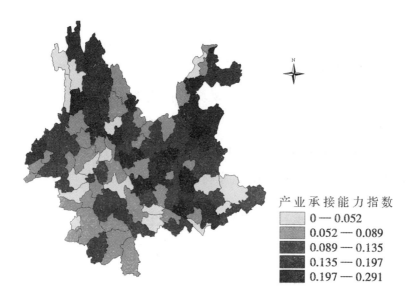

产业承接能力指数
☐ 0 — 0.052
▨ 0.052 — 0.089
▧ 0.089 — 0.135
▦ 0.135 — 0.197
■ 0.197 — 0.291

图 5-4　云南省各地区产业承接能力指数

五、广西壮族自治区承接产业转移的重点区域

广西壮族自治区产业承接能力指数表明,其承接产业转移的能力总体呈现"南强北弱"的格局。全区产业承接能力指数较高的地区主要包括南宁市及其周边县市、环北部湾地区和河池市北部地区,这些地区的产业承接能力指数大多在 0.176 以上,远高于省内其他地区(见图5-5和附表),应将这些地区作为广西壮族自治区承接国内外产业转移的重点地区。

南宁市是中国—东盟合作的枢纽城市,已经成为中国与东盟之间稳定的沟通渠道,目前正在建设中国—东盟区域性物流基地、加工制造基地、商贸基地和交通枢纽中心、信息交流中心、金融中心,在承接东盟国家产业转移方面具有明显的组织优势和地缘优势。

环北部湾经济区主要由南宁、北海、钦州、防城港四个行政区构成,区内岸线、土地、海洋、农林、旅游等资源丰富,开发密度较低,发展潜力较大,是我国西部地区规划布局新的现代化港口群、产业群和建设高质量宜居城市的重要区域,承接国内外产业转移的综合优势明显。

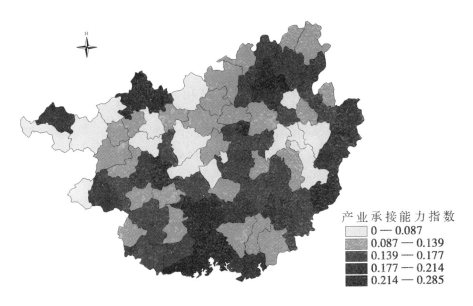

产业承接能力指数
░ 0 — 0.087
▒ 0.087 — 0.139
▓ 0.139 — 0.177
█ 0.177 — 0.214
█ 0.214 — 0.285

图 5-5　广西壮族自治区各地区产业承接能力指数

六、陕西省承接产业转移的重点区域

陕西省产业承接能力指数表明,其承接产业转移的能力呈现"北强南弱"的格局。全省产业承接能力指数较高的地区主要有包括西安市、宝鸡市等在内的关中中西部地区,包括吴旗县、靖边县、榆林市、府谷县和神木县在内的陕西北部地区,这些地区的产业承接能力指数大多在0.203以上,远高于省内其他地区(见图5-6和附表),应将这些地区作为陕西省承接国内外产业转移的重点地区。

陕西省"十二五"规划明确提出重点发展航空航天、新材料、新能源及新能源汽车、新一代信息技术等战略性新兴产业,加快推进有色冶金、建筑材料、食品加工、纺织服装等产业转型升级。西安市和宝鸡市为我国十六个重点建设经济地区"关天经济区"的重要组成部分,是亚欧大陆桥的重要支点,是全国交通、信息大通道的重要枢纽和西部地区连通东中部地区的重要门户,区内科教实力雄厚、工业基础良好、文化积淀深厚、城镇较为密集,经济区基础设施比较完善,要素成本优势明显。

吴旗县、靖边县、榆林市、府谷县和神木县等陕西北部地区是我国蒙陕甘宁能源"金三角"的重要组成部分和国家能源安全的战略储备区,境内煤炭、石油、天然气等能源资源储量巨大,在石化、煤气化、天然气开采、油气钻采输送、太阳能光伏、风电设备等行业已形成技术领先、体系完备的产业链体系,在承接能源生产、煤炭化工、石油化工、风电和太阳能开发等产业转移时的优势明显。

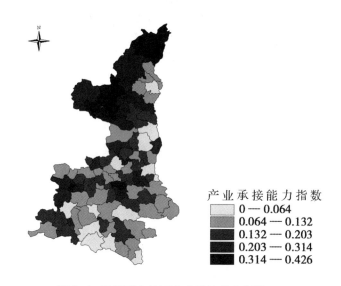

产业承接能力指数
0 — 0.064
0.064 — 0.132
0.132 — 0.203
0.203 — 0.314
0.314 — 0.426

图5-6　陕西省各地区产业承接能力指数

七、甘肃省承接产业转移的重点区域

甘肃省产业承接能力指数表明,其承接产业转移的能力地区差异不明显,全省产业承接能力指数较高的地区主要有兰州市、天水市、酒

泉市、嘉峪关市、庆阳市,这些地区的产业承接能力指数大多在 0.243
以上,远高于省内其他地区(见图 5-7 和附表),应将这些地区作为甘
肃省承接国内外产业转移的重点地区。①

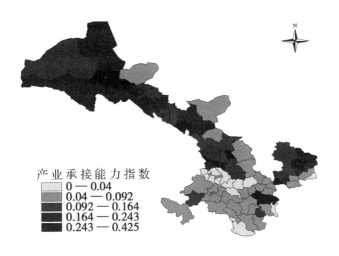

图 5-7　甘肃省各地区产业承接能力指数

　　兰州市位于我国陆域版图的几何中心,具有"承东启西、联南济
北"交通枢纽的区位优势,在我国区域经济发展格局中发挥着"座中
四联"区域联动发展作用,依托资源区位优势现已形成以石油化工、
有色冶金、机械电子、医药、电力、建材为主体的工业体系,是我国重
要的能源、原材料和重化工业基地,西部地区重要的商贸中心和科研
教育基地,承接国内外产业转移的优势十分显著。第五个国家级新
区——兰州新区的设立更为兰州市承接国内外产业转移提供了良好
机遇。

　　天水市是我国十六个重点建设经济地区"关天经济区"的次核心

---

　　①　2012 年颁发的《甘肃省人民政府关于加快开发开放积极承接产业转移的实施意见》
(甘政发〔2012〕11 号)中指出,甘肃省承接国内外产业转移的重点地区为兰(州)白(银)核心经
济区、关中—天水经济区(甘肃部分)、河西新能源和新能源装备制造区、陇东能源化工区、金
(昌)武(威)、甘南—临夏经济区民族特色产业集聚区。

城市,交通区位优势明显,工业基础非常雄厚,在承接机械制造、电工电器、医药食品、现代农业等产业转移方面优势明显。

酒泉市和嘉峪关市是西陇海兰新经济带的重要节点城市,交通区位、资源优势突出,工业基础较为雄厚,在承接国内外电力、石化、冶金、建材、机械、轻纺等产业方面具有较强的竞争优势。

庆阳市境内煤炭、石油、天然气等能源资源储量巨大,是蒙陕甘宁能源"金三角"地区的重要组成部分,在承接石油化工、煤炭化工等产业方面具有一定的竞争优势。

八、青海省承接产业转移的重点区域

青海省产业承接能力指数表明,其承接产业转移的能力呈现"北强南弱"的格局,青藏铁路沿线及其以北地区产业承接能力指数较高,青藏铁路以南地区产业承接能力指数相对较低。产业承接能力指数较高的地区有西宁市及周边地区、格尔木市、德令哈等柴达木盆地地区,这些地区的产业承接能力指数大多在 0.13 以上,远高于省内其他地区(见图 5-8 和附表),应将这些地区作为青海省承接国内外产业转移的重点地区。

西宁市是青海省省会城市,是全省政治、经济、文化、教育、科教、交通和通讯中心,形成了以机械、轻纺、化工、建材、冶金、皮革皮毛、食品为支柱的工业体系,在全省承接国内外产业竞争中具有绝对优势。

格尔木位于青海省海西蒙古族藏族自治州境南部,是青藏高原位列西宁、拉萨之后的第三大城市,境内盐湖资源储量大,分布广,品位高,品种多,依托柴达木盆地丰富的盐湖、石油、天然气源而重点发展的盐化工业和石油化工初具规模。

德令哈市是青海省海西蒙古族藏族自治州首府所在地,是全州政治、经济、文化的中心,也是青海西部重要的交通枢纽和商品集散地,盐碱化工、建材、中藏药产业基础较为雄厚,是青海北部地区具有较强产

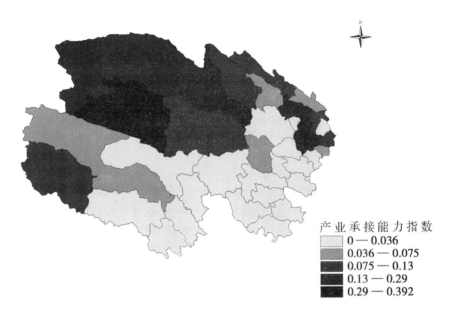

产业承接能力指数
- 0 — 0.036
- 0.036 — 0.075
- 0.075 — 0.13
- 0.13 — 0.29
- 0.29 — 0.392

图 5-8　青海省各地区产业承接能力指数

业承接竞争力的城市。

九、宁夏回族自治区承接产业转移的重点区域

宁夏回族自治区产业承接能力指数表明,其承接产业转移的能力呈现"北强南弱"的格局,中卫市—中宁县—吴忠市—盐池县一线以北地区产业承接能力指数大多在 0.147 以上,远高于此线以南地区(见图 5-9 和附表)。全区产业承接能力指数较高的区域有银川市、青铜峡—吴忠—灵武、石嘴山市,应将这些区域作为未来宁夏回族自治区承接国内外产业转移的重点区域。

银川市是新亚欧大陆桥沿线的重要商贸城市,位于"呼—包—银—兰—青经济带"的中心地段,也是宁蒙陕甘周边约500公里范围内的区域性中心城市,数控机床、自动化仪表、煤矿综采设备、大型铸件、精密轴承等装备制造业基础较为雄厚,在全区承接产业转移竞争中具有行政中心、科技文化、人才等优势。

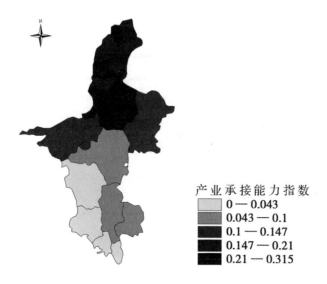

图5-9 宁夏回族自治区各地区产业承接能力指数

青铜峡—吴忠—灵武地处宁夏中北部,有京藏铁路、109国道、石中高速等过境,交通较为便捷。该地区煤炭、石油和天然气富集,水电资源丰富,已初步形成以电力、冶金、化工、建材、食品、农副产品加工等产业为主的工业体系,是宁夏重要的工业基地和经济核心区之一。

石嘴山市地处宁夏回族自治区北部,境内煤、硅石、黏土等非金属矿藏蕴藏量巨大,依托丰富的煤炭资源,形成了以煤炭、冶金、电力、机械、化工、陶瓷、建材及非金属制品为主的门类较为齐全的重型工业经济体系,承接相关产业转移的基础条件较好。2014年1月,宁夏银川—石嘴山承接产业转移示范区被列为国家级示范区。

十、新疆维吾尔自治区承接产业转移的重点区域

新疆维吾尔自治区产业承接能力指数表明,其承接产业转移的能力呈现"北强南弱"的格局。全区产业承接能力指数较高的地区主要有乌鲁木齐市、克拉玛依市、鄯善县等,这些地区的产业承接能力指数

大多在 0.203 以上(见图 5-10 和附表),应将这些地区作为新疆承接国内外产业转移的重点地区。

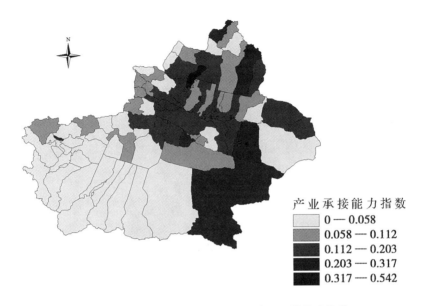

图 5-10　新疆维吾尔自治区各地区产业承接能力指数

乌鲁木齐市位于新疆维吾尔自治区中北部、天山中段北麓、准噶尔盆地南缘,是新疆政治、经济、文化的中心,中国西部对外开放的重要门户,新欧亚大陆桥中国西段的桥头堡,是我国承接中亚产业转移的重要基地。石油化工、钢铁、煤化工、机械装备制造、轻纺、食品加工、新型建材、家具制造等产业在承接国内外产业转移方面具有较强的竞争力。

克拉玛依市位于准噶尔盆地西北缘、加依尔山南麓,境内石油和天然气储量大、油层浅、质地优良,依托丰富的石油、天然气资源形成了石化工业为主导,以皮鞋、家具、建材、电子制品以及油漆、塑料为辅的工业体系。

鄯善县位于新疆维吾尔自治区东部、天山东段博格达峰南麓、吐鲁番盆地东部,境内有世界可采储量最大的硝酸钠资源,光热资源丰富,依托丰富的矿产资源,已形成石油化工、黑色金属、有色金属、无机盐化工、石材建材、煤炭能源和农副产品深加工七大产业体系。

十一、内蒙古自治区承接产业转移的重点区域

内蒙古自治区承接产业转移能力指数表明,其承接产业转移的能力地区差异不明显,全区产业承接能力指数较高的地区主要有呼和浩特、鄂尔多斯、满洲里等地,这些地区的产业承接能力指数大多在0.336以上,远高于区内其他地区(见图5-11和附表)。

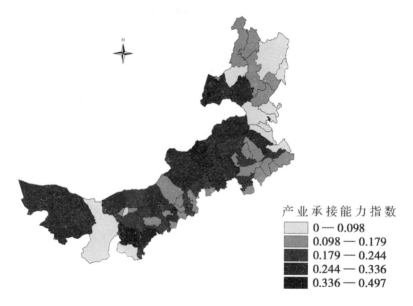

产业承接能力指数
  □ 0 — 0.098
  ▨ 0.098 — 0.179
  ▨ 0.179 — 0.244
  ■ 0.244 — 0.336
  ■ 0.336 — 0.497

图5-11 内蒙古自治区各地区产业承接能力指数

呼和浩特市位于内蒙古自治区中部,为内蒙古自治区的首府,是全区政治、经济、文化中心,地处"呼包银"经济带、"呼包鄂"金三角核心地带,交通区位条件优越,资源丰富,已经形成乳业、电子信息业、电力、生物制药、冶金化工、机械装备制造六大支柱产业体系,是中国西部地区投资环境最好的城市之一。

鄂尔多斯市位于内蒙古自治区西南部,是我国近十年来经济增长

最快的地级市,境内煤炭、天然气、天然碱、芒硝、石膏等资源富集,煤化工、新能源、氧化铝、新材料、光伏等产业发展较快,在承接国内外煤化工、新能源、新材料等产业方面具有较强的竞争力。

满洲里市位于内蒙古呼伦贝尔大草原的腹地,地处承担着中俄贸易60%以上的陆路运输任务的亚欧第一大陆桥交通要冲,地缘优势显著,与多个国家在贸易、金融、运输、仓储等综合发展方面形成紧密协作,吸引国内外投资、转口贸易的竞争力显著。

第三节 西部地区承接产业转移的示范基地建设

根据西部县(区)产业承接能力指数差异,结合国家《关于中西部地区承接产业转移的指导意见》、《产业转移指导目录(2012年)》、《全国主体功能区规划》、《西部大开发"十二五"规划》有关西部重点开发区、重点经济区、产业发展定位,西部地区应构筑起由环北部湾经济区、成渝经济区、关中—天水经济区三大经济区,贵阳城市圈、昆明城市圈、兰州城市圈等七大城市圈,自然资源富集区、沿边地区构成的多层次、全方位、立体化承接产业转移示范基地,通过产业的集中布局、集群发展,因地制宜地承接发展优势特色产业,通过承接国内外产业转移带动整个西部地区经济社会的快速发展。

一、西部三大重点经济区

从西部地区经济发展水平、条件和产业承接能力指数看,环北部湾经济区、成渝经济区、关中—天水经济区在整个西部地区经济发展水平最高,承接国内外产业转移的条件最优越,具有通过承接国内外产业转移发展为西部经济增长极的巨大潜力,应将其作为西部地区承接国内外产业转移的国家级基地进行建设。

（一）环北部湾经济区

环北部湾经济区覆盖南宁、北海、钦州和防城港四市全部行政范围。该经济区沿海沿边，区位优越，是中国与东盟的结合部，也是西南地区加强与东盟和世界市场联系的重要门户，开发潜力巨大。《广西北部湾经济区发展规划》提出，广西要建设高起点高水平的现代加工制造业体系，形成沿海石化产业集群，重点培育发展电子信息、生物工程、新材料、现代中药、节能环保等高技术产业，其发展方向是西南地区的主要出海口和出口加工基地，可以承接转移的产业有资源型加工业、出口加工贸易业、现代服务业、海洋产业等。

（二）成渝经济区

成渝经济区的范围包括成都市、内江市、遂宁市、资阳市、德阳市、绵阳市、自贡市和重庆主城 9 区以及 15 个县市区。该经济区属于典型的流域经济，水资源、水能资源特别丰富，自然资源与资源加工型产业相互依存，是西部最典型的城市密集区，以及重要的装备制造业和高新技术产业基地之一。成渝经济区应加快发展以信息产业为主导的战略性新兴产业，建设全国重要的现代装备制造业基地，建成内陆地区资源优化配置、竞争优势突出的综合性化工基地、中国铝加工之都和千万吨精品钢材基地。

（三）关中—天水经济区

关中—天水经济区包括甘肃的天水、平凉、庆阳，陕西的西安、咸阳、宝鸡、渭南、铜川、商洛，以及延安南部的宜川、富县、黄陵、洛川、黄龙，整体经济发展水平低于成渝经济区和环北部湾经济区。关中—天水经济区具有雄厚的科研实力，但科研成果产业化能力较弱；具有工业综合基础优势；城市群初具规模，但城镇体系不完善，发展水平不高。《关中—天水经济区发展规划》提出，关中—天水经济区要建设成为全国先进制造业重要基地，可以承接的产业有高新技术产业、装备制造业、旅游业、特色农产品及其加工业等。

二、中心城市及其附近区域

从总体上讲,西部经济发展水平较低,经济空间分布极为不平衡。西部11个省(区、市)(因数据不完整,除西藏自治区)的省会所在地绝大部分是百万人口以上的中心城市,并且都形成了各自以城市群和城市体系为依托的经济密集区,自然、经济、社会等各方面因素均较好,经济发展条件优越,可以作为第二层次的西部承接国内外产业转移的示范基地。

(一)贵阳城市圈

贵阳城市圈的范围包括贵阳和遵义二市。贵州省"十二五"规划明确了要加快建设国家重要资源深加工基地、特色装备制造业基地、特色轻工产业基地,培育国家重要的战略性新兴产业基地的发展战略。因此,该地区的发展重点是充分发挥该区军事工业的优势,努力建成我国西部地区的军工基地,在专业产品研制开发领域和相关民用品的制造业领域,形成与关中—天水经济区和成渝经济区有所分工的机电工业体系;其次,在水电开发和铝、磷资源开发的基础上,加大原材料就地加工利用的比重,努力延伸产业链条,依托铝加工和磷化工生产,建设我国西南地区最大的原材料生产与加工工业基地;最后,将自然风光和民族风情有机结合起来,增强旅游业对相关产业的带动作用,保持传统名牌产品的优势,开拓新的经济增长点。

(二)昆明城市圈

昆明城市圈的范围包括昆明和玉溪二市。《国务院关于支持云南省加快建设面向西南开放重要桥头堡的意见》(国发〔2011〕11号)提出,要把云南打造成为我国重要的清洁能源基地、新兴石油化工基地,重点推进化工、有色、钢铁等产业优化升级。云南省"十二五"规划也提出要将其建设成为国家重要的可再生清洁能源基地,电、矿、化一体化资源精深加工的清洁载能产业基地,石化基地,战略性资源及原材料接续地。在承接产业转移方面,需充分考虑云南省有色金属矿储量大的优势,更应注重发挥其植被覆盖率高、生物资源丰富的优势,在现有产业基础上,以发展与地方优势产业相结合的高新技术产业为先导,在生物资源的加工利用和农业现代化的生产与经营方面,承接国内外产业转移。

(三)兰州城市圈

兰州城市圈的范围包括兰州和白银二市。甘肃省"十二五"规划明确提出要改造提升石油化工、冶金有色、建材业、轻工纺织业、建筑业等传统产业,依托现有制造业基础,振兴石化通用设备制造、汽车及专用设备等装备制造业。根据甘肃省煤炭、石油、天然气、风能等能源资源较为丰富的特点,该地区应重点承接并发展化工、有色金属、钢铁、机械、电子信息、汽车产业。

(四)西宁城市圈

西宁城市圈的范围仅限于西宁市。在青海省"十二五"中提出要将其规划建成全国重要的有色金属生产基地、西部新的特钢生产基地、国际毛绒纺生产经营集散地,以及在国内外具有重要影响力的生态产品供给基地。充分考虑青海省的资源条件,在发展方向上,除以水电为依托的高耗能工业外,一方面依托未来格尔木提供的石油与盐化工资源及青藏高原提供的特色农副产品资源,在精细化工、医药、食品等领域培育经济增长点;另一方面瞄准当地和青藏高原的市场需求,以围绕旅游业发展的服务和产品生产基地建设为目标,发展成为青藏高原以服装、商贸等为主的中心城市。

(五)银川城市圈

银川城市圈的范围仅包括银川市。宁夏回族自治区"十二五"期间规划实施"三个千亿投资计划",做大做强煤电化主导产业,实施战略性新兴产业"倍增计划"。与此一致,该地区应充分发挥银川及周边地区丰富的水能煤炭资源优势,在建设能源基地和高耗能产业园区的同时,着力搞好具有鲜明民族特色的农畜产品加工基地、特色农业生产基地和区域性商贸旅游业基地建设,力争在煤炭(电力)冶金联营、石油化工及其深加工业、面向西北市场的建筑材料工业、农副产品加工等领域优先承接产业转移。

(六)乌鲁木齐城市圈

乌鲁木齐城市圈的范围包括乌鲁木齐市和昌吉市。新疆维吾尔自治区"十二五"期间大力发展现代煤化工,全面振兴纺织工业,加快发展区域特色电子信息产业,提出了钢铁、建材、化工和轻工业的具体发展目标。在遵循地区发展需求的原则上,该地区宜在商贸与物流业、棉毛纺织业、民族食品加工业、特色农业、旅游业等方面承接产业转移,带动西陇、兰新经济带新疆段的全面发展。

(七)呼和浩特城市圈

呼和浩特城市圈包括呼和浩特、包头两市。在该地区"十二五"规划中明确提出要加快发展化学工业,改造提升冶金建材工业,建设国家重要的有色金属冶炼加工基地,适度扩大钢铁生产能力,培育壮大装备制造业,建设各具区域特色的电子信息产业集群和基地。因此,这一经济区应依托稀土、煤、铁矿石等矿产资源及其产业基础,发挥开发区和中心城市的辐射功能,走新型工业化道路,优先承接特色农牧业、冶金及稀土工业和旅游产业。

三、自然资源富集区

在西部地区承接国内外产业转移能力评价指标中,虽然没有选择资源类指标,但西部大多数资源富集地区在产业承接能力指数评价中均表现出较高的水平,这是因为资源富集地区的发展往往具有高度工业化、高投资率的特征。西部地区自然资源尤其是能源矿产资源,往往在空间上高度集中,形成一个个储量庞大的富集区域,这非常适宜于大规模集中开发,对国内外资源密集型、高耗能资源主导性产业具有较强的吸引力。

因此,西部地区在承接国内外产业转移时,应将晋陕蒙接壤地区、柴达木地区、攀西地区、新疆塔北—吐哈地区、黄河上游地区、六盘水地区、川滇黔地区、长江上游地区(宜宾)宜昌段、乌江流域、红水河流域等资源富集地区作为承接国内外产业转移的第三层次基地进行重点建设。

四、沿边地区

我国西部地区有 6 个省(自治区)与 14 个国家接壤,具有较好的地缘优势。国家先后在此设立了 62 个国家级对外开放一类口岸、13 个沿边对外开放县(市)和 13 个边境经济合作区,经济贸易发展迅速。目前,这些口岸普遍存在第二产业比重不高、企业竞争力弱等问题,因此这些地区要充分利用国内外产业转移的良好机遇,加快物流、旅游和其他有优势产业的发展。

第六章　西部地区承接产业转移的对策建议

要科学承接产业转移,必须弄清楚企业空间布局倾向及其外迁决策过程中考虑的因素,准确判断近年来国际产业转移在对象、主体、动机、行为等方面与以往的差异,把握国内产业转移的方式、方向和推力方面的特征,理性寻找承接的机遇、方式,合理制定区位政策的切入点和突破口,强化基础设施、产业对接和制度体系等方面的建设力度,淡化招商引资的数量指标和政绩考核,弱化优惠政策竞争,走出分工体系的"路径依赖"和"低端锁定"。[①]尤其是西部地区,应紧密结合国家实施的西部大开发战略、"一带一路"战略等,进行有效对接,融合各类优惠政策,发挥好政策叠加优势,按照科学发展观和构建开放型经济新体制的要求,找到适合本地承接产业转移的路径,实现可持续发展。本章在前几章研究的基础上,系统提出科学承接产业转移的对策建议。

第一节　研判企业外迁动机与设计产业承接机制

一、从研判企业空间布局的动机入手理清转移机制

产业转移的主体是企业。要科学承接产业转移,首先必须弄清楚

[①]　安占然、朱廷珺:《西部地区科学有效承接国内外产业转移的若干建议》,《国际贸易》2012年第1期,第35—40页。

企业空间布局倾向及其外迁决策过程中考虑的因素。也就是说,必须弄清楚为什么有些企业不招自来,有些则请也不来。

（一）从成本差异角度观察企业外迁动机

通常,内生比较劣势决定了高成本企业会规避低成本企业的竞争,并选择离开高集聚、高竞争性区域,迁移到低度竞争的边缘区,依靠贸易障碍（如运输成本和本地市场认可度等因素）来维持企业的本地市场份额。因此,市场空间较大的核心区集聚着低成本企业。然而,随着技术进步和交通条件的改善,单位产品的贸易成本不断降低,提高了核心区企业在远距离市场上的价格竞争力,从而可以扩大市场空间。在这种情况下,处于边缘区的高成本企业就面临着艰难的选择:要么采取技术改造以降低成本,要么退出市场,要么采取差异化策略与低成本企业分享规模更大的消费群体。由此必然产生这样的结果:企业成本差异既是导致企业空间扩散的动力之一,也可能是低成本和高成本企业混合集聚同处于核心区的原因。尤其是在核心区域高成本企业数量较大而低成本企业数量较小的情况下,高成本企业可以依托核心区的知识溢出以及产业关联求得生存,发生混合集聚的可能性往往较大。这可以部分地解释我国广东等地集聚多年的企业不愿意迁移到外地的原因。这一结论,对西部地区招商引资具有重要的政策含义。沿着梯度转移的思维路径,仅仅依靠热情和低成本优势往往吸引不到理想的产业。

（二）从效率差异角度分析企业外迁政策失灵的原因

同质性假定下的新经济地理学认为,空间集聚的动力来自于本地关联效应、规模经济和外部性等因素,而扩散的动力来自于本地的拥挤效应。最近几年兴起的异质性假定下的"新新"经济地理学认为,高效率的企业比低效率的企业更具有集聚倾向,低效率企业因为拥挤效应而选择扩散至发展水平较低的边缘区。为了实现区域均衡发展目标,解决"区域膨胀"引发的各种问题,政府也会运用区位补贴政策,吸引更多的企业从高集聚的核心区转移至集聚程度低、本地市场空间狭小、具有某种比较优势的边缘区。然而,由于低效率企业比高效率企业迁移的机会成本相对较低,所以,核心区政府外迁补贴政策和边缘区政府吸引迁入补贴政策,往往把高效率企业留在核心区,把低效率企业迁出核心区,集聚到边缘区。这样,反而会进一步加剧空间经济的不均衡状态。政府的区位补贴政策会失灵,至少难以完全达到政策目标。如果我们在招商引资中忽视这种研判,就容易在政治热情的支配下走入"低端锁定"的误区。

二、从研判产业转移类型入手分类制定政策体系

产业转移中出现的各种问题,不仅在于地方政府肩负的发展压力,还在于理论准备不足,从而对不同类型的产业转移及其发展前景缺乏甄别和判断。通常,不同的转移类型所对应的实现途径和适用的产业形式有着较大的差别。淘汰型转移与地区产业结构发展的阶段性密切相关;主导性产业变更、技术进步和产业升级,都会引致相对落后的技术和设备密集型制造业发生转移;产能型转移一般对资源、能源和产业生态环境等因素高度依赖,只有当某些要素供给衰竭或价格大幅上涨才会发生整体性撤离;扩张型转移多表现为由制造、装配环节向研发设计、市场服务等高附加值环节的渐进式移动,这种转移是以区域之间存在梯度性市场需求和技术差距为前提的;配套型转移是产业主体遵循比较优势原则,将零部件和次要生产环节分散到适宜地区组织生产,以此形成中间品投入的世界或区域性供给体系;延伸型转移与上述偏重工业或制造业的转移类型不同,包括生产性和生活性服务业的产业转移,前者强化了生产性服务部门参与社会分工的渗透范围和深度,降低了融资、保险、物流、咨询等中间环节在制造业中的内部组织成本,后者则通过消费内容和形式的更新,激发普通顾客对生活服务品的消费潜力,带动当地需求结构的高级化,促进产业结构和就业结构的调整和优

化。弄清楚产业转移的类型,有助于我们科学把握承接机制和分类制定承接政策体系,避免"眉毛胡子一把抓",走出"强拉硬拽"、"运动式"招商的误区。

第二节　关注产业转移动向与创新承接模式

一、从跟踪国际产业转移新特征入手创新承接模式

21 世纪初期,制造业的全球分工体系已经基本确立,日、韩等东亚国家作为零部件的主要供应商,中国作为加工组装基地,欧美作为技术研发、设计和最终产品需求市场,成为全球生产网络体系的重要内容。短期内全球制造业大规模转移的热潮降温。那么,在这样一个大背景下,近年来国际产业转移在对象、主体、方式、行为等方面与以往有哪些不同? 这些差异给我们带来了哪些机遇? 需要做怎样的战略调整才能够适应形势变化并抓住机遇? 掌握这些特征,对我国东部地区"腾笼换鸟",尤其是西部地区"筑巢引凤",避免承接盲目性,提高引资效率,都具有重要的参考价值。

(一)转移对象从整体转向片段化

随着国际分工由产业间向产业内再到产品内的不同工序纵深推进,国际产业的转移对象由原来典型的"边际产业"和"标准化阶段的产品"转向了产品的各工序,也被称作产业链的"片段化"。这样,产业转移的对象就不一定是整个产品生产过程,企业可以根据各地要素差异和自身的竞争战略在全球范围内转移其某个或某些生产环节。这些环节不一定是低端化的工序,有时也会把处于产品生命周期前期阶段,如汽车和微电子行业的研究开发环节,提前向发展中国家转移,以寻求要素成本优势和本地化设计。不仅如此,在实现生产环节转移的同时,往往伴随着大量服务环节的转移。

从某种意义上说,国际产业转移的分工基础深化到产品内之后,在承接产业转移中要考虑的重点不完全是衰退产业或成熟产品,而更多的是低附加值还是高附加值环节。这个巨大的变化,对于习惯于大规模引进外资全套生产流水线的地区来说,要做的工作是如何将本地区变成某产业全球价值链的某个环节,而不是某个全球领军企业新的厂址。区位优势的营造既要考虑整体性,更要打造某个工序的竞争优势。

(二)转移主体扮演双重角色

过去,产业转移往往是大企业和发达国家的专利。如今,企业不分大小,都可以通过战略联盟、并购以及外包等方式把自己的经营活动嵌入到全球生产体系中,获得产品内分工的利益。正因为如此,产业转移已经不再是发达国家的专利,一些发展中国家往往既是产业承接方,又是产业转移方。这一颇具特色的现象告诉我们,在全球化时代,没有永远的转移方,也没有永远的承接方。一个地区在引进产业的时候,也可能要做好转出的准备。这对习惯于"筑巢引凤"的地区来说,"腾笼换鸟"也将成为对外开放的一个常态。

(三)转移动机复合化

过去,通过传统的对外直接投资方式转移产业,其动机主要是成本、市场和资源导向。如今,在产品内分工背景下,企业在追求成本、市场的基础上,主要基于如下几点考虑:一是为了获取专业化优势。企业将价值链垂直分解,专注于某一个环节的生产,从而形成内生比较优势,实现要素生产率的提高和成本的降低。二是为了获取区域要素优势。过去,资源外取被认为是企业的一种劣势。如今,通过产业转移来获取外部资源却可能是智慧型企业运作的关键。这种方式可以突破要素流动的屏障,获取各区域的要素优势,达到要素在空间上的最优组合,如先进的技术与东道地区的廉价劳动力和土地资源优势以及优惠政策组合。三是为了获取价值链升级优势。各个公司在工序上的空间重组所形成的整体价值链也会是最优的,从而达到价值链的整体升级。

(四)转移方式多样化

随着全球经济一体化和自由化的发展,产业转移的方式从传统的FDI这种跨区域复制产品,逐渐发展为外包、战略联盟以及其他非股权方式。弗里德曼(2007)认为,外包方式已经成为国际产业转移的新兴主流方式。这一特点告诉我们,招商引资的内涵需要更新,即招商不一定引资,可以是引一个契约,一个合作模式,把自己的企业变为国际企业价值链上的一个或者几个环节。

(五)转移路径跨梯度与逆梯度明显化

传统的产业转移存在着比较强烈的阶梯状差异,主要依据产业梯度依次向外转移。而在产品内分工背景下,寻找最佳特定环节布点,使得区域产业梯度的作用正在弱化。一是跨梯度转移越来越明显。由不具有自主创新能力的OEM,向具有一定自主创新研发能力的ODM,甚至具有相当自主创新能力的OBM的生产方式转移,这种做法之所以流行,就是因为发包商为了满足全球消费市场的多样性和变化快的特点,通过技术转让、关键设备转让和专利授权等方式,协助代工企业迅速提升自身生产工艺与产品设计能力。二是存在逆梯度转移。在高新技术产业转移中,一些发展中国家和地区将依赖于本地资源成长起来的某些产业中的高端环节,转移到相对发达国家和地区。

(六)转移行为集群化

产业间分工背景下的产业转移,大多数转移的是产品的完整生产过程,通常一个企业可以独立完成,企业之间的依赖性不强,不存在明显的集群现象。如今,产品内分工条件下,产业转移的往往是某个环节,各个环节以最终产品为纽带,具有很强的协作依赖性和相互配套要求,单一环节的单独转移难以生存。故此,企业不得不"抱团"迁徙、集群转移,通过自我功能强化产生强大的向心力和集群效应。这一特点告诉我们,欠发达地区只有培育产业集群环境,重点发展具有比较优势的特色产业集群,塑造专业化竞争优势,才能够吸引来适合本地区位特征的产业落户。

(七)传统向外转移国家实施"再工业化"

爆发于2008年的国际金融危机造成欧美制造业产出下滑,就业岗位流失,全球制造业供应链出现局部断裂。汇率和成本因素也影响到欧美企业海外战略的实施。为应对危机,欧美国家政府大力扶持制造业回归,涉及战略规划、资金补贴、政策倾斜等措施,考虑制定回流计划,本土化经营趋势抬头,"再工业化"迹象明显。这种人为阻挠企业正常迁移所形成的国际产业转移的"逆向流动",对中国进一步吸引外资、承接国际产业转移产生了不利影响。尤其是在欧美政府给予回流企业优惠政策的情况下,我国与欧美总体的生产成本差距将会缩小,从而弱化我国承接产业转移的吸引力和竞争力。不排除部分欧美企业以转移生产基地、回归本土为筹码,向中国提出诸如放宽投资门槛、降低市场和行业准入标准等方面的要求。这些变化,对于各地把握承接产业转移政策优惠力度具有重要参考价值。

二、从关注我国东部企业外迁动向入手把握承接机会

随着全球经济一体化和市场一体化步伐的加快,加之要素成本急剧上升,我国东部沿海地区迫切需要加快产业结构优化升级,重点发展先进制造业、外包服务业、高新技术产业以及信息产业等,以应对日益激烈的国际竞争,"腾笼换鸟"、向中西部地区进行产业转移势在必行。这就需要西部地区密切关注东部企业外迁的动向,有针对性地做好招商引资工作。

(一)转移方式:不断创新

东部沿海地区向中西部地区产业转移的方式日益多元化,产业链整体搬迁和制造业"抱团转移"正逐步占据主导地位。比较有代表性

的产业转移新模式有：一是主业带动型转移，以一种产业转移为主导、多产业复合型开发；二是产业集群式转移，产业集群外迁是产业梯度转移的强烈信号和重要标志，龙头企业在集群外迁中起着主导作用；三是产业链延伸型转移，通过区域间相互协作，以当地优势产业为中心，形成一条完整的产业链；四是市场扩张型转移，中部地区广阔的市场需求，吸引东部沿海地区企业通过投资将全套成熟的产品、技术、管理"复制"到中部，进一步接近市场、降低物流成本，实现"销售地生产"的低成本扩张。

（二）转移方向："原地转"、"北上"、"东进"与"中移"并行

1. 在本省区内"原地转"

我国幅员辽阔，即使在省域内同样存在"中心—外围"格局，经济发展差距较大。所以，一些省份的产业转移往往在半径比较狭小的区域内原地转。如广东省、江苏省都倡导本省实力较强的企业在向外转移产业时，优先考虑向省内欠发达地区转移。这与经济增长、就业、税收等政绩指标有较大关系。

2. "北上"特征明显

深入研究有关数据后我们发现，1997—2007 年区域间产业转移具有明显的"北上"（如环渤海湾地区）特征，这一时期向中西部地区转移的趋势并不明显。

3. 产业向东部地区聚集的倾向并未减弱

受消费品生产主要集中在东部地区的影响，消费带动下的产业转移表现为从中西部地区向东部地区转移的趋势；尽管在出口带动下，东部地区对中西部地区的能源需求增加，导致中西部承接了大量资源型产业转移，但机械电子等技术密集型产业仍在进一步向东部地区集中（刘红光等，2011）。

4. 中部地区劳动力成本优势仍然强于西部

沿海地区自 2004 年开始便逐步失去了发展劳动密集型产业

的比较优势,而中部地区当年开始便成为劳动生产率最高的地区,但是其平均劳动力成本却一直是全国最低的。因此,抛开其他因素,仅就劳动成本而言,中部地区目前是最适合发展劳动密集型产业的区域。东北地区,具有较好的重工业基础,发展资本密集型产业更具优势。

5.“西移”的潜在优势逐步显现

从2004年开始,我国西部地区的单位劳动成本下降的速度最快,是很有潜力成为具有劳动力成本比较优势的区域。从出口视角分析,与越南、印度等候选地相比,西部地区在面向出口市场时存在一定的区位劣势。不过,从贸易便利化角度审视,近年来中国海关系统运用现代信息技术大力推行“属地申报口岸验放”直通式通关模式,内地企业可在内地海关办理通关手续,货物从内地运抵沿海港口时交纳单据即可放行上船发运,通关时间从以前的1—2天缩短到几十分钟,从而在外贸竞争中部分抵消印度、越南等后起发展中国家沿海地区的区位优势。所以,西部地区的区位劣势正在逐步得到改善,产业“西移”的潜在优势逐步显现。

(三)转移推力:“有形之手”与“无形之手”共同发力

本轮国内产业转移,既是市场自发的结果,也是东部地区调整产业结构的决心使然,更是中西部地区政府积极引导和招商的结果。由于我国中部地区具有明显的劳动力成本优势,西部地区具有承接劳动密集型产业的潜力,劳动密集型产业在我国具有发展的可持续性。所以中部各省表示将以“最优惠的政策、最具优势的资源、最理想的环境”吸引海内外客商投资,提出“承接产业转移,促进中部崛起”的口号。西部的优势是,政策上与沿海基本无差别,甚至比沿海当年更具有自由竞争性,而且还具有较广阔的市场和丰富的资源。更为重要的是,西部地区各省市区政府在承接产业转移工作中扮演了“发动机”角色,发挥了巨大的作用,这是众多推动力中最有分量的部分。

第三节　评估承接能力与增强区位引力

一、从审视约束性条件入手正确评估承接能力

结合前几章的研究,我们认为,西部欠发达地区吸引国内外产业转移存在以下约束性条件:

(一)基础设施落后,加大了承接产业的斥力

一般而言,在劳动力成本和其他投资环境相近的情况下,运输成本就成为影响产业转移的重要因素之一。西部地区并不十分方便和发达的交通运输网络,对发达地区出口导向的劳动密集型产业转移具有较强的斥力。从空间转移的条件来看,中国区际间广义的运输成本仍然偏高,成本节约对东部产业的聚集力仍然大于西部资源优势对产业转移的吸引力。中国制造业空间转移的条件并没有达到成熟阶段,可以预见,今后一个时期,如果没有重大外生力量的推动,产业转移仍会比较缓慢。因此,大力提高基础设施建设,不断降低运输成本(贸易成本),是吸引制造业在西部聚集的可行途径。

(二)产业配套能力和带动能力较弱,影响了承接产业的落地生根

西部地区的规模产业区和特色产业带尚未形成,集聚效益仍不明显,通过市场作用形成的社会化分工协作格局还未显现。中小企业整体素质仍不高,大多数产业产品零部件配套率相对较低,很多核心零部件还需从外地购进,不少园区项目之间协作关联程度不高,生产性服务业还跟不上,转移企业所需配套要求还相对薄弱。与东部地区相比,西部地区的制造业结构偏向于产业链的上游,其上游产业所占的平均比重达到了 54.38%,而东部地区为 37.48%。在下游产业和中游产业方面,西部地区比东部地区要低,特别是在中游产业方

面差距很大。西部地区的中游产业所占的平均比重仅为 17.81%，而东部地区为 36.96%。由于中游产业比较发达，东部地区的产业具有更高的关联度，产业的带动效应也较强。西部多数产业属于初加工，技术含量较低，附加值低，多数产业集群为资源型集群，如农副产品加工业集群。这些集群产业解决了部分劳动力的就业问题。然而，从长期讲，因其技术含量低，产品附加值低，从而收入相应就低，加之再投入生产资金少，不利于企业发展壮大，必将影响产业在西部的聚集。

（三）产业对接政策偏差

为缩小发展差距，目前，欠发达地区政府政策、资金等各项资源均主要向技术资本密集型产业倾斜，发达地区主要迁出的劳动密集型产业能享受到的特殊优惠逐渐减少。加上欠发达地区政府的支柱产业偏好，不利于区际产业转移的高效对接。例如，甘肃按照"中心带动、两翼齐飞、组团发展、整体推进"的区域发展战略，在政策层面，对风能太阳能等新能源、与有色金属相关的新材料、与现代医药相关的新产品，以及与生态环境建设相关的新项目等实施优惠扶持。可见，在承接产业转移的进程中，欠发达地区各级政府均会向自己支持的产业倾斜优惠，而对非支持产业，政府虽然一般不会直接通过行政手段阻碍，但总体上看对承接非重点支持的产业转移的政策相对薄弱，无法满足企业的实际需求。

（四）制度创新落后

良好的制度环境能够有效地降低经济社会发展的生产成本和交易成本。改革开放以来，利润驱动下的微观经济主体不断集聚于东部沿海地区，而企业数量的增多又使区域内的产业规模不断扩大，享受规模报酬递增带来的好处。同时，随着经济发展成本的不断降低，又可以吸引到更多的企业集聚，并通过优化升级进入良性循环。而这些正是西部地区制度创新的软肋，更是吸引产业转移的短板之一。

（五）环境门槛

面对日益强劲的环境资源约束,为确保欠发达地区的生态安全,目前,各级政府已经开始设置相应的环境门槛,包括治理技术手段、环保设施和措施等,这些做法意味着对不符合标准的待转移产业也会形成强力排斥,提高了转移的代价。

（六）区域黏性

沉淀成本、基础设施经济、集群经济、产业在原产地形成的多种关联性造成产业转移"黏性",形成一定的外迁阻力,被认为是产业转移滞缓的主要原因,表现为东部沿海大多数劳动密集型产业并没有遵循梯度转移规律有序向中西部地区转移,甚至出现了逆向转移现象。发达地区的产业转移首选了本地区的欠发达地区,多数选择了同一经济圈内的欠发达县市。这种"区域黏性"特征,对西部地区是一种提醒。

上述这些因素,有的属于转出方的阻力,有的属于转入方的斥力。这两种力量越强大,就越容易抵消转出方的推力和转入方的拉力(引力)。尽管我们很难量化这些力量,但其对于制定政策和判断承接可能性,都具有重要的借鉴价值。

二、从深刻理解《指导意见》入手有效增强区位引力

尽管一个地区的长久发展不可能单纯依靠承接产业转移,但承接产业转移对西部地区扩大开放、增强区域竞争力无疑具有重要的战略意义。上述多维度分析,对于我们科学制定承接产业转移的政策体系,探寻有效增强西部地区投资引力的切入点和突破口,改进招商引资工作,具有十分重要的借鉴意义。国务院 2010 年 8 月印发的《关于中西部地区承接产业转移的指导意见》(国发〔2010〕28 号)(以下简称《指导意见》),明确了中西部地区承接产业转移的指导思想、基本原则、重点任务和主要措施。本章根据《指导意见》,结合上述分析,提出以下几点建议。

（一）加快改善区位条件，进一步增强承接能力

一方面，把交通和物流能力建设作为产业转移、调整经济结构、实现发展方式转变、缩小地区发展差距的重头戏，进一步改善吸引海内外产业转移的基础性引力条件。另一方面，不断提高西部地区居民收入水平，扩大区域内消费市场需求。通过扩大转移支付、鼓励居民信贷消费、加大农业专项补贴力度、加强特色产业职业教育等措施，增加劳动力就业与创业机会，切实提高西部地区居民的收入水平，最终形成具有足够吸引力的市场潜力，来提升承接产业转移的整体实力。

（二）制定科学的要素组合和要素流动政策体系

经济发展的实践反复证明，资本、劳动力、技术等生产要素流动性越高，越有利于提高要素的配置效率，增强经济发展的活力。需要强调的是，西部地区在产业承接过程中，要扎扎实实地做好财税与金融支持体系建设，从市场经济的一般理念出发，在财税政策支持、融资便利化、资本市场建设等方面，优先发展一步。

（三）合理进行产业选择与产业配套体系建设

在产业转移过程中，不仅要重视对产业承接类型的识别和选择，也要完善转移产业落地后其成长和壮大的配套服务与建设。产业转移的不同类型与产业内生性发展模式告诉我们，应积极引进那些有助于推动区域经济内生性发展的产业形态。这是选择承接产业转移类型的根本原则。对于不利于产业结构升级和经济内生性发展的产业类型，尤其是对资源和能源粗放使用、对环境和社会生活产生巨大危害的淘汰型和产能型产业要坚决予以拒绝和摒弃。对于关联效应大、推动要素和产业升级的扩张型或配套型产业转移形式，要重点引进并扶持其不断壮大。西部地区的中心城市，应进一步推动对延伸型转移产业的承接力度和深度，形成金融、物流和信息咨询等服务业的区域性中心和增长极，拉动经济腹地的产业调整和升级，以实现整个地区经济的内生性发展。

（四）加强政府工商管理制度体系建设力度

改革政府招商引资和产业规划、管理部门之间职能分立的弊端，形成有利于产业承接、落地产业健康发展和带动新的产业承接之间良性循环的制度环境。西部地区尤其要树立良好的政府形象，切实提高经济工作者的理论水平、政策解读能力和办事效率，不断增强政策透明度，实实在在保护投资者的知识产权。

（五）制定适宜本地特点的区域开放战略

对我国东部地区而言，承接全球服务业转移，将成为对外开放的产业重点。对欠发达的西部地区来说，区位条件较好的地方，通过政策引导和严格把关，尽量引进市场前景好、科技含量高、污染少、资源节约型的项目；暂时不具有引资条件的地区应根据区位特点安排适宜的经济活动；不同区域间应避免产业结构雷同和重复建设，重点发展具有比较优势的特色产业集群，塑造专业化竞争优势，实现产业集群互补和错位竞争；一些科教资源较为丰富的地区，应有计划地推动适合国内产业价值链构成的中端适用技术开发和应用，以技术创新对承接的产能型和扩张型转移产业进行升级改造，推动西部地区在产业承接方式上的转变；在采用新建方式条件不成熟的情况下，可引导外资嫁接改造部分国有、民营企业，也可引导企业与跨国公司建立合作关系，使本地企业成为跨国公司一体化国际生产网络中的某个生产经营环节。

（六）走出优惠政策竞争的误区

大量研究表明，优惠政策与产业移入规模之间并不存在显著的正相关关系。投资引力的大小取决于综合的区位优势，包括良好的基础设施、公平的市场交易环境（如健全、稳定、透明的政策与法律体系，廉洁、高效的政府）、一定的市场规模、较快的经济增长速度、低廉的生产成本，以及拥有良好技能素质工人的数量等。利用优惠政策竞争外国投资会导致资源的严重浪费，甚至付出沉重的代价。尤其是当外国直接投资者创造的溢出效应不足以补偿优惠政策成本，以及优惠政策导致投资的地区和产业分布扭曲,造成重复建设、环境污染等长期难以解决的问题时,这种代价更加昂贵。①

第四节　"一带一路"战略与西部承接产业转移基础建设

古人云:不谋全局者,不足以谋一隅;不谋万世者,不足以谋一时。承接产业转移是一项系统工程,不能仅就产业转移谈产业承接,还要把它放在经济全球化、国家经济结构调整、发展方式转变、构建开放型经济新体制的大背景下予以考量。西部地区要紧紧抓住国家构建开放型经济新体制、"新丝绸之路经济带"和"海上丝绸之路"建设的战略机遇,进一步扩大向西开放的平台建设,夯实承接产业转移的物质基础和体制机制基础,既要科学"引进来",又要不失时机地"走出去",逐步实现"内外平衡"。

一、统筹与对接各类战略

"一带一路"战略是我国从"重陆轻海"转向"陆海统筹",从碎片化布局到整体性规划,构建大陆文明与海洋文明相容并济的可持续发展格局的重要战略举措。2015 年 2 月 1 日"一带一路"建设工作会议的召开,标志着"一带一路"建设从战略构想进入实质性推进阶段。尽管目前中央尚未公布"一带一路"建设规划,但西部地区已经将"一带一路"作为构建开放型经济新体制的重要立足点和着眼点,将对接国家战略规划列为 2015 年政府工作重点。同时,2015 年也是京津冀协同发展战略和长江经济带战略的开局之年。这三大国家级战略与西部地区经济社会发展密切相关,利好消息不断,政策叠加优势明显。做好

---

① 　朱廷珺:《走出优惠政策的误区》,《光明日报》(理论版)2003 年 12 月 16 日。

战略统筹、"硬件对接"和"软件衔接",发挥政策组合和政策叠加优势,防止产业同质、"过剩叠加"和"风险聚集",是西部沿线和沿江地区贯彻落实"一带一路"规划的关键环节。

推进"一带一路"建设,需要认识清楚该战略的内涵和本质特征,把握好战略导向和着力点,从国家和地方两个层面,对内和对外两个方位,内陆、沿边和沿海三个区域,通盘考虑,科学论证战略重点、实施步骤、力量部署、重大政策措施等,统筹衔接各项战略和政策,完善协调机制,搭建本地区开发开放的战略平台。

（一）统筹对接"一带"与"一路"

"一带一路"核心区域包括 16 个省份。其中,"新丝绸之路经济带"的战略重点在向中亚、西亚开放,延伸至欧洲地区,着力发展陆路经济,主要战略支点分布在西北和西南内陆地区,覆盖西北新疆、青海、甘肃、陕西、宁夏,西南重庆、四川、云南以及华南的广西,最新扩围到华北地区的内蒙古自治区。"海上丝绸之路"覆盖江苏、浙江、福建、广东、海南等沿海地区,最新扩围到山东省,战略重点在东盟 10 国和南亚国家,向西辐射至西亚、北非、欧洲等各大经济板块的市场链。

2015 年初,全国 28 个省区市在政府工作报告中表达了积极参与和对接"一带一路"战略的愿望。尤其是"新丝绸之路经济带"沿线各省区市,明确提出了各自的战略定位和发展目标。如陕西提出"打造丝绸之路经济带的新起点和桥头堡",新疆提出"建设丝绸之路经济带核心区,当好主力军和排头兵",青海提出"努力把青海省打造成新丝绸之路的战略基地和重要支点",宁夏将"高起点建设内陆开放型经济试验区,推动中国阿拉伯各国务实合作,打造向西开放桥头堡"作为自己的战略目标,甘肃提出"打造丝绸之路经济带黄金段",重庆提出"运营好渝新欧国际铁路联运大通道,发展陆航、江海、铁海等多式联运,参与丝绸之路经济带、海上丝绸之路建设"。

从上述不完全的信息可以看出,西部部分省份既将利用"新丝绸之路经济带"带来的向西开放作为自己的发展目标,又将利用"海上丝绸之路"带来的向东南开放作为自己的发展机遇。实施这些战略目标,不仅需要"一带一路"沿线每一个省(区市)自身抢抓机遇,发挥传统比较优势,培育新竞争优势,还需要国家统筹规划,提出沿线地区对接协作要求。这应是统筹衔接"一带一路"战略的重点环节和重要任务。

具体来说,一要特别注意统筹衔接新欧亚大陆桥经济走廊,以沿线连云港、郑州、洛阳、西安、兰州、乌鲁木齐等主要节点城市为支撑,进一步推进与哈萨克斯坦、俄罗斯、白俄罗斯以及波罗的海沿岸国家经贸合作的深度和广度;二要统筹建设好海上战略支点,包括长江三角洲、珠江三角洲、东南和华南沿海地区以及环渤海地区的港口群;三要完善基础设施互联互通这个"硬件对接",以及信息、通关、质检等制度标准的"软件衔接",为企业创造更为便利的原产地证书申领和核准环境。

(二)统筹对接长江经济带

长江经济带东起上海,西至云南,覆盖 11 个省市区,是我国最具经济增长潜力的地带之一,也是推动全国经济东西联动和全面振兴的最佳"战略扁担区"。作为枢纽,既连接了长三角、长江中游城市群和成渝经济区三个板块,又与其他两大经济带形成呼应:一方面与"新丝绸之路经济带"平行并进,另一方面与沿海经济带形成"T"字形联动。"一带一路"所跨越和延伸的区域许多与长江经济带重合,如西部地区的四川、重庆和云南,既是长江经济带规划区域,又是"新丝绸之路经济带"的战略重点地区。上海、江苏、浙江既是长江经济带上的战略龙头和创新源头,又是"海上丝绸之路"的重点战略支点,同时也是东部产业向中西部转移的主要来源地之一,其通道与长江经济带密切关联。所以,从全国范围看,"一带一路"与长江经济带的对接成功与否,是中国经济进入新常态后发展战略能否成功的关键之一。从西部地区看,只有对接好"一带一路"和长江经济带战略,才能优化资源配置和产业结构,给本地区带来开放开发的倍加利益。

战略对接和协作的重点是:第一,打造长江黄金水道,确保全国85%的铁矿石、83%的电煤和87%的外贸货物依靠长江航运流通无阻,确保"一带一路"与长江经济带重合地区如重庆、四川、云南高效承接东部地区产业转移。第二,建立健全区域间互动合作机制。主要包括:打破行政区划壁垒,夯实基础设施,补足发展短板;对接产业发展规划,这是战略对接的重头戏。由于每一个省份所处的地理位置不同,产业竞争力各异,在三个战略中扮演的角色不同,战略任务也不同,究竟重点应该服务于哪一个战略,主要围绕哪一个战略进行产业结构调整,需要沿线和沿江地区认真思考,科学论证。沿线、沿江地区只有共商产业布局,才能打造出有国际竞争力的产业链和价值链,只有实施差异化和特色化的产业发展策略,才能避免同质化恶性竞争;加强长江中游城市群协作,打造中国经济脊梁,为该地区融入"新丝绸之路经济带"和"海上丝绸之路"提供重要战略支点;统筹建立健全长江流域生态保护机制与"一带一路"生态保护机制,提升沿线、沿带、沿江生态文明水平;利用新型城镇化建设的机遇实现经济转型,在承接国内外产业转移的同时,吸引在沿海打工农民工回乡创业和就业,以提升"一带一路"沿线地区产品的比较成本优势。

(三)统筹对接京津冀协同发展战略

京津冀协同发展,不仅对打造新的首都经济圈、扩大环渤海经济区战略空间具有重要意义,而且为各地优化开发区域、创新体制机制带来示范效应,特别是对外围地区能够产生辐射效应。纳入"新丝绸之路经济带"战略规划区域的内蒙古自治区以及纳入"海上丝绸之路"战略规划区域的山东省,都是京津冀协调发展受益半径范围内的地区。单从产业转移看,北京企业外迁的数量将会远远超过此前的预计,许多外迁企业着手借机自发扩张产能。"一带一路"沿线及相关地区,在制定发展战略中应充分考虑京津冀协同发展带来的产业转移机遇,积极对接关联产业,提升协同创新能力。

(四)统筹完善国内外合作机制

按照习近平总书记提出的"五通"要求,"一带一路"沿线地区都要有大局意识和一盘棋意识,同唱丝绸之路曲,共筑全球利益链。按照大生产、大流通、大市场的理念,跳出行政区划和国别限制,在更大空间范围内统筹资源开发,谋划产业发展,建立特色产业开放合作机制,建设国际经贸合作示范基地等。尤其在生态保护、结构调整、产业基地建设、交通体系和物流体系布局、口岸开放、文化旅游、教育合作、科技攻关等方面,要科学对接,合理布局,防止"一窝蜂"、"一刀切"、"一锅粥"、"各顾各"等非科学发展的重演,避免产业同质和重复建设,造成新的产能过剩和结构矛盾。

一要坚持国内协作与国际对接相结合。在合作机制问题上,要建立三个平台,即对话协商平台、开放包容框架、市场机制平台。

二要发挥好国家级的协调机制的作用。中央成立"一带一路"建设工作领导小组,将致力于协调并强化省部、省际合作,整合资源,抱团发展,共同构筑开放型经济发展平台。要引导区域内重要节点城市集聚发展,积极承接产业转移,构建对外开放的产业链条和特色产业体系,形成区域发展新的增长极。同时,要强化国家间地方政府交往和民间交流,互通有无、优势互补,互利共赢。争取在财政补贴、产业基金、税收减免、金融创新、口岸和保税区建设等方面给予支持。

三要建立国际安全合作机制和风险防范体系。通过建立国际安全合作机制,保障战略资源供应安全和货物运输安全。通过建立企业"走出去"政治经济风险预警和应对机制,确保海外经营安全可持续。尤其要注意的是,"走出去"是"一带一路"战略中的重要内容,西部地区企业"走出去"缺乏经验,需要在商务部指导下,认真研究企业"走出去"遭遇到的各种政治风险和经济风险,协调做好应对机制和预案。

二、发挥政策组合与叠加优势

(一)遵循三大规律,发挥政策组合效应

西部各地研究制定对接"一带一路"建设规划及其政策体系,要按照十八大提出的构建经济、政治、社会、文化和生态文明建设五位一体战略的总要求,围绕扩内需、转方式、调结构的经济工作主线,遵循经济规律谋求科学发展,遵循自然规律谋求可持续发展,遵循社会规律谋求包容性发展。尤其在产业布局、结构调整、环境保护、资源开发、扶贫攻坚、过剩产能转移、企业"走出去"和"引进来"等方面,要善于利用财政、税收、金融、产业政策,发挥好各种政策的组合效应。

同时,要立足新常态,加强宏观调控。一要防止优惠政策过度和无序竞争,陷入产业链低端锁定和"一放就乱"的恶性循环。二要防止新的"过剩叠加",主要是防止制造业产能过剩、新增基础设施利用率不足和房地产供给过剩。因为这三种过剩已经存在,并且造成传统投资收益率下降,在服务业尚未完全打破国内垄断与行政管制藩篱,私人资本尚未大规模进入新的领域投资,反而会拖累经济增长,造成战略失效,或者事倍功半。三要防止高投资造成新的"风险聚集":主要包括企业部门高负债率、房地产泡沫、地方政府债务快速攀升、商业银行不良贷款率上行等。

(二)梳理各种优惠政策,发挥政策叠加优势

2014年4月25日,中央政治局会议在强调推进"一带一路"、京津冀协同发展和长江经济带三大战略的同时,明确指出要"继续支持西部大开发、东北地区等老工业基地全面振兴"。对西部地区来说,政策叠加优势更加明显。包括《西部大开发"十二五"规划》、2013年国务院《关于加快沿边地区开发开放的若干意见》、2014年《沿边地区开发开放规划(2014—2020)》对各省区市赋予的战略任务,以及国家进一

步支持西部地区有关省份（如甘肃、贵州等）经济社会发展的若干意见，中央支持西部地区国家级新区建设的优惠政策，商务部批准确定的加工贸易梯度转移的重点承接地政策，国家发改委批准设立的承接产业转移示范区政策，在财政补贴、产业基金、税收减免、金融创新、口岸和保税区建设等方面，都给予西部地区指向十分明确的倾斜和扶持。西部地区要勤于梳理这些差异化倾斜政策，善于发挥政策叠加优势。既要保持战略和政策执行的连续性，又要突出时代感和创新性；既要夯实经济基础，打造"西部特色"，又要提升竞争优势，打造"中国质量"。

（三）构建开放型经济新体制，制订高标准竞争政策体系

把握金融危机以来全球贸易投资规则变化趋势，重构与对接国际竞争政策体系，建立健全我国开放型经济新体制，打造规范、公正、透明的市场经济环境，提升上下游、产供销、内外贸互联互通的一体化效率，是推进"一带一路"建设必须夯实的基础工程之一。

从贸易政策变化趋势看，美欧主导的贸易政策由第一代向第二代转变，即由"边界规则"向"边界内规则"拓展，"竞争中立"原则被广泛推广和应用。无论是跨太平洋伙伴关系协议（TPP）、跨大西洋贸易投资伙伴关系协议（TTIP），还是美国2012双边投资协定模板、诸边服务业协议（TISA），都在放松管制和实现公共政策目标（如公平竞争、标准、安全、健康、环境、劳工权利等）之间寻求平衡。

从外商投资市场准入政策变化趋势看，全球已有七十多个国家采用了"准入前国民待遇"和"负面清单"管理模式。我国已经在上海自贸区试行"负面清单"管理，超过八成的行业对外资开放。这种模式将逐步向全国推广，西部地区必须直面外商投资市场准入制度变化的挑战。

在改革对外投资管理体制方面，要像过去重视"引进来"那样高度重视"一带一路"中"走出去"政策和法律体系的建设，放宽对外投资的各种限制,规范和引导企业在海外有序竞争,提高企业国际化经营水平,推动国内产业提质增效,从贸易大国走向投资大国,缓解我国经济发展的资源瓶颈制约和产能过剩压力。

三、搭建战略平台

(一)加快推进国家级新区等战略平台建设

目前国家在西部地区设立的国家级新区有重庆两江新区、甘肃兰州新区、陕西西咸新区、贵州贵安新区。中央赋予重庆两江新区的功能定位是统筹城乡综合配套改革试验的先行区,内陆重要的先进制造业和现代服务业基地,长江上游地区的金融中心和创新中心,内陆地区对外开放的重要门户,科学发展的示范窗口;兰州新区的定位为西部的重要增长极,国家重要的产业基地,对外开放的战略平台,承接产业转移的示范区;西咸新区的战略定位是创新城市发展方式试验区,丝绸之路经济带重要支点,科技创新示范区,历史文化传承保护示范区,西北地区能源金融中心和物流中心;贵安新区的定位是内陆开放型经济新高地,创新发展试验区,高端服务业聚集区,国际休闲度假旅游区及生态文明建设引领区。

西部地区要大力推进国家级新区、国家级开发区率先发展开放型经济,使这些新区和开发区成为国家向西开放的战略平台、国家重要的产业基地、西部重要的增长极和承接产业转移的示范区。

(二)创建高层次会展平台

通过提高会展水平,架设国际合作桥梁。以向西开放为主要目标的地区要突出丝绸之路和新亚欧大路桥的国际性元素,举办具有国际影响力的综合性品牌展会。一方面,要通过举办向西开放高端论坛,邀请新亚欧大陆桥沿线国家和地区的政要、使节、民间商(协)会和企业界高端人士参会,搭建向西开放的峰会平台;另一方面,国家应设立具有国际影响力的高层次博览会平台,如设立敦煌国际文化博览会,树立全球视野和战略思维,以文化为主题,以促进文化交流、文明对接、保护文化多样性为核心任务,打造友谊合作之桥、民心相通之路。

(三)加强企业主体服务平台建设

"一带一路"经济功能的发挥主要在企业。对西部地区而言,培育和壮大市场主体成为建设"一带一路"的关键任务之一。这主要体现在"率先、加快、突破"六个字上,即在传统特色优势产业领域扶持龙头出口企业率先发展,在新兴产业领域引进外向型企业加快发展,在开放型经济发展相对滞后的地区实现突破发展。

如何培育和壮大市场主体?关键在"三个平台"建设。一要大力开发建设境外原料基地平台,为本地区经济转型跨越提供强力支撑;二要搭建贸易融资平台,发挥出口信用保险政策功能,开展银企对接,破解中小企业融资难题;三要建立外贸公共服务平台,加大政策咨询,提供贸易信息,开展商务人才培训。

同时,应支持符合条件、具有较好风险管控能力的金融机构到中西亚、欧洲、南亚市场设立分支机构,吸引中西亚、欧洲、南亚国家和地区在本地区设立领事、商务及金融机构,为沿线国家和地区企业提供商务信息。如果这些短板不及时弥补,西部中小企业很难从"一带一路"战略中获得快速成长,也很难在承接产业转移中有所作为。

四、加快产业基地建设

西部地区幅员辽阔,经济发展水平差异较大。根据本书第四、五章的研究,各省市区承接产业转移的条件、能力不同,开放基地的建设要按照国家主体功能区规划要求,尊重实际,因地制宜。

这里仅以甘肃为例:甘肃省已经把"新丝绸之路经济带"作为本省沿线(欧亚大陆桥)沿带(丝绸之路经济带)对外开放的"黄金段",把新欧亚大陆桥作为国际物流大通道,并且围绕国家级新区兰州新区、循环经济实验区、华夏文明传承创新示范区和国际物流大通道建设聚焦发力,进而向文化旅游、科技教育、工程劳务等领域延伸。在产业基地建设方面,甘肃省提出,加快建设能源化工、有色冶金、装备制造、农产品生产与加工等产业基地,着力发展循环经济,突出发展新能源、新材料,积极发展文化产业、旅游业和物流业,构建具有本地区特色的现代产业体系。具体来说,主要是依托陇东煤电化基地、河西新能源基地、石化工业基地、石油储备基地和特色农产品加工基地,加强与中西亚及欧洲等国家在石油、天然气、煤炭、新能源以及农产品加工等方面的国际合作,按照大生产、大流通、大市场的理念,跳出行政区划和国别限制,在更大空间范围内统筹资源开发,谋划产业发展,建立特色产业开放合作机制,建设国际经贸合作示范基地,吸引新亚欧大陆桥沿线国家投资发展本省优势特色产业,强化产业对接,推进合作开发。省会兰州市委托国务院发展研究中心编制了《兰州市建设丝绸之路经济带规划研究报告》,积极争取国家和甘肃省在政策与项目布局上的支持,积极承接东部沿海地区产业转移,建设西部地区现代化石化产业基地、先进装备制造业产业基地、生物医药产业基地、国际商贸物流基地、民族特需品生产基地和特色农业合作开发基地,向西开放战略平台。同时,兰州市与省内兄弟市州共建面向中西亚的产品加工基地,大力开发民族风情特色文化与旅游产品,共同开拓中亚西亚市场,联手"走西口";谋划与西北各个省会城市合作,争取国家支持建立中国(兰州)自由贸易区。

五、强化基础支撑

(一)加快综合交通运输体系建设

以建立智能型现代综合交通运输体系为目标,协调发展铁路、公路、航空和管道运输,逐步形成分工合理、优势互补、多式联运的现代运输网络。大力推进陆路与中亚、欧洲国家的交通联系①,强化铁路路网主骨架建设,加快本地区重点干线和支线建设,发展国际联运集装箱运输班列开行覆盖范围,开发货运中转业务,逐步将单件运输包装转向集合运输包装,尤其是集装箱运输,降低国际货运物流成本;②构建高速公路网架,大力发展农村公路,改造升级干线公路;大力发展国际航空货运和航空快递,拓展航空过境、中转和直达运输等各类服务,基本形成以区域大型机场为中心的干支结合的航线网络;对甘肃、青海和新疆的资源型地区来说,要加快发展天然气、石油、煤制气等各类管道运输,形成完善的原油、成品油、天然气管线网络。

(二)大力促进信息化建设

将信息化建设作为推进开放型经济发展的重要动力,鼓励开展信息技术研发创新,积极推广全球定位系统、地理信息系统、电子标签的应用。扶持一批电子商务企业建设面向中亚、西亚及欧洲等国家和地区的多种语言网站和数据中心,引导外经贸企业利用电子商务开展跨境贸易,完善海关监管、退税、检验、外汇收支、外贸统计等相关配套政策。

六、拓展国际合作领域

(一)坚持双向开放

长期以来,我们较多关注产业承接,而对产业向外转移则重视不

---

① 2008 年 2 月 19 日,包括中国、俄罗斯、德国、荷兰、伊朗、土耳其在内的 19 国交通部长在瑞士日内瓦签署了一份意向书,决定在此后数年投入 430 亿美元,激活古丝绸之路和其他一些古老的欧亚大陆快速大通道。建设计划得到了联合国开发计划署和世界银行、国际货币基金组织、亚洲开发银行、欧洲复兴开发银行、伊斯兰开发银行的一致支持。

② 2011 年 1 月,重庆至欧洲的“渝新欧”国际铁路联运大通道开通,这条国际联运货运列车从重庆出发,经由西安、兰州、乌鲁木齐,到达边境口岸阿拉山口,进入哈萨克斯坦,再经俄罗斯、白俄罗斯、波兰,至德国的杜伊斯堡,全长 11179 公里,货物运输 16 天到达,比货物东向铁路与海运联运节约时间 30 天。2012 年 10 月,武汉开通了汉新欧国际货运专列。2013 年 7 月,河南郑州开通了直达德国汉堡的货运列车。2014 年 6 月,西安开通的直达哈萨克斯坦的国际货运专列“长安号”每周发一班。2013 年国家铁路总公司将各类国际货运专列统一规范为“中欧快线”。

够。《中共中央关于全面深化改革若干重大问题的决定》指出："适应经济全球化新形势,必须推动对内对外相互促进、引进来和走出去更好结合。"与已有相关研究不同的是,本书强调,企业转移具有双向性。那么在强调"引进来"承接国际企业转移的同时,我们必须更加关注企业"走出去"参与国际分工,充分利用国际转移的双向性,实现国内市场与国际市场的"内外平衡"。当然,西部地区有实力的企业可加快向东部地区或国外市场转移,开展核心能力型跨国并购,通过更大范围聚集全球优势生产要素,将会带动地区相关产业的发展,逐步建立完整的全球生产链条,包括逐步建立金融机构、生产体系、综合物流、分销网络、研发和设计中心等环节的区域化和全球化布局。同时,积极开发新兴市场,鼓励企业到海外建立加工组装基地以及境外分销、综合物流和供应链管理体系,设立研发、设计与创新中心,以及境外能源和资源供应链体系。这样,不仅有助于提升国内企业价值链的整合能力和国际竞争实力,也为西部地区承接产业转移开拓了新的渠道。

(二)明确外资投向和领域

主要政策导向是:鼓励欧亚大陆桥沿线国家以及世界各地有实力的企业集团参与本地区重大基础设施、生态环境保护、新能源、新材料、循环经济、优势农产品精深加工等项目开发与建设;鼓励国内外大型企业以股权转让、产权置换、产权划转、增资扩股等多种方式参与本地区传统企业的改造升级;稳步扩大金融、保险等生产性服务业对外开放①,引导外商投向本地区教育、文化、医疗等社会领域和民生事业;建立重大项目跟踪服务制度,高度重视保护外来投资企业的合法权益,确

---

① 2014年5月14日国务院常务会议研究部署加快生产型服务业重点和薄弱环节的发展规划,重点发展研发设计、商务服务、市场营销、售后服务等生产性服务,促进国民经济整体素质和竞争力的提升。一是加强新材料、新产品、新工艺研发应用,鼓励设立工业设计企业和服务中心,发展研发设计交易市场。二是建设物流公共信息平台和货物配载中心,加快标准化设施应用,推进第三方物流与制造业联动发展。三是提高信息技术服务水平,促进工业生产流程再造和优化。

保项目引得进、留得住、发展得好。

（三）提升国际合作层次

支持沿线地区骨干企业以参股、买断、并购、就地加工等方式，共同开发境外资源，提高资源保障能力。积极参与中西亚国家以及非洲、东南亚地区的基础设施项目建设。鼓励企业通过投资办厂、技术输出、承包工程带动本地区成套设备和产品出口，实现以资金、技术、工程换资源。探索"投资+劳务"、"技术+劳务"、"工程+劳务"等劳务输出新模式，建立面向中亚地区的劳务输转基地，形成一批有国际声誉的劳务品牌。

（四）推进特色文化旅游合作

西部地区要大力推进丝绸之路沿线国家合作，共同开发悠久厚重的丝路文化①、敦煌文化和民族民俗文化资源，促进文化生态发展，保护文化形态多样性；发挥各地优势文化品牌，全方位开展与中亚、西亚、中东和欧洲等地区的对外文化交流与合作；全线联动共同打造丝绸之路国际黄金旅游线路，突出文化特色、地域特色、民族特色和景区景点特色，共同挖掘文化的旅游资源，提升旅游的文化内涵，开展节会互参、景点互推、游客互送等活动。②

（五）重视科技教育双向合作

产业转移与承接，不是简单地迎接和落地。没有科技创新和人才支撑的承接，难于实现可持续发展。借助新丝绸之路经济带战略机遇，

---

① 2014年6月22日，联合国教科文组织第38届世界遗产大会，由中国、哈萨克斯坦、吉尔吉斯斯坦三国联合申报的《丝绸之路：长安—天山廊道的路网》文化遗产项目，经过表决成功列入世界遗产名录。5000公里5类代表性遗产点33处，中国境内22处，其中河南4处、陕西7处、甘肃5处、新疆6处。

② 如甘肃省提出：以始祖文化为重点的历史文化旅游区、以敦煌文化为重点的生态文化旅游区、以黄河文化为重点的民族风情文化产业旅游区。实施《丝路花雨》舞剧、《大梦敦煌》等国家级文化艺术精品剧目西进工程，扩大《读者》在海外的发行量和影响力。每年在中亚西亚国家举办一次"甘肃文化旅游周"活动，宣传推介绚丽甘肃的多样文化。建设莫高窟、嘉峪关、张掖丹霞、骊靬古城、崆峒山、拉卜楞寺等大景区，开辟精品旅游线路，开展文化旅游交流合作。

西部地区应大力发展以科技教育为纽带的对外合作，创造更加有效的对外合作交流平台和新载体，如与中亚国家合作创办科技学院、商学院，培养一批适合沿线地区使用的科技人才和熟悉国际经贸规则、通晓外语（尤其是俄、蒙、阿语）的国际商务人才。着眼提升当地产业技术装备水平，发挥技术等方面的优势，有针对性地面向中亚、西亚地区开办技术培训，实施技术援助，开展技术交流。加强与中亚、西亚地区的医疗卫生交流合作，建立医疗卫生机构间的合作伙伴关系。

第七章　主要结论与未来深化研究的方向

第一节　主要结论

　　承接产业转移是西部地区产业结构优化升级、实现可持续发展的重要途径,但由于"先天不足",西部地区普遍具有引资饥渴症,一些地区招商引资任务量化和政绩倾向抬头,给地区经济健康发展埋下了隐患。西部地区产业转移中出现的各种问题,不仅在于地方政府肩负的发展压力,还在于理论准备不足,对不同类型的产业转移及其发展战略缺乏科学甄别和理性谋划。因此,深入分析承接国内外产业转移的动力机制,构建相应的效率评价指标体系,甄选西部各省区市承接国内外产业转移的重点地区和行业领域,对西部地区开放战略的设计、制定符合本地实际的政策组合、推动经济社会的科学发展都具有极为重要的意义和参考价值。

　　本书在梳理前人研究的基础上,从微观、中观和宏观三个层面,对内、对外两个视角,进一步探讨了产业转移的动力机制、效率与能力、空间布局以及政策取向,在本领域所做的推进工作、主要发现、结论以及政策建议如下:

一、产业转移与承接的动力来自市场与政府的共同作用

(一)人力资本和工资差异是影响贸易成本和企业转移的重要因素

在理论方面,本书基于异质企业贸易模型与新经济地理学模型,借鉴鲍德温和奥库博等学者一系列国际前沿代表性成果,分别从劳动力异质性、生产率异质性、研发效率异质性和消费偏好异质性视角分析企业生产和技术转移的微观机理。研究发现:当考虑劳动力异质性,即同时存在高技能劳动力和低技能劳动力时,人力资本和工资差异便成为影响贸易成本和企业转移的重要因素,这也拓展了传统中心—外围的研究。

(二)自我选择效应的存在是驱动企业国际转移的重要因素

具有较高生产率的企业在利益驱使下会主动进入产业多样化和规模庞大的市场,而生产率较低的企业由于无法跨越出口成本的门槛则不会发生国际转移;在一定的生产率水平下,不仅发达国家的企业可以向发展中国家转移,而且发展中国家中具有最高效率的企业也具有向发达国家转移的动力,即两国企业会发生双向转移。

(三)研发效率的异质性是驱动企业做出研发外包决策的重要因素

与同类研究不同的是,我们重点探讨了研发外包与产业转移的动力机制。本书在拓展噶西亚·维嘉和胡尔古(2011)模型的基础上发现,以生产率和技术吸收能力衡量的研发效率的异质性是驱动企业做出研发外包决策的重要因素,且只有生产率高和吸收能力强的企业才会选择双向研发外包,而生产率较低和吸收能力较差的企业则会依次选择国际研发外包和国内研发外包。

（四）产业转移是引力和阻力、推力和拉力等诸多力量平衡的结果

本书认为,产业转移是移出地和移入地政府利益博弈的结果,也是引力和阻力、推力和拉力等诸多力量平衡的结果,本章将其归为产业移出地视角的自发性转移和产业承接地视角的引致性转移。

自发性产业转移和引致性产业转移并不是孤立的,而是耦合的。无论是遵循"引致性产业转移—区域产业生态改善—自发性产业转移"的路径还是"自发性产业转移—产业布局优化—引致性产业转移"的路径,均凸显了产业转移和承接双方在优化产业空间布局中要通力协作,力求双赢。尤其是在信息不对称和政府力量博弈中不占优的西部地区应充分利用政策资源,转变承接思路,积极领会东部地区产业转移进程中的"暗送秋波",主动在税收优惠、要素配置、产业空间拓展和配套设施建设等方面下足功夫,并充分把握自发性转移与引致性转移相互推动的耦合机理,努力实现东西部的产业对接。

二、从投入和产出两方面设计承接产业转移效率评判指标体系

（一）产业承接力是构建承接效率指标体系的基础

本书在对产业承接力的概念、结构与功能剖析的基础上,充分考虑产业承接力形成的客观原因、基本特征和影响因素,结合指标设计的客观性、全面性和可比性等原则,构建了产业承接力综合评价指标体系。

在环境约束条件下,我们从投入与产出两个方面度量了承接产业转移的效率,投入方面主要是东道国的区位条件和转移产业的质量,产出方面则是承接产业对东道国（地区）经济、资本、产业结构、税收、贸易、就业等方面产生的各种效应。本书运用因子分析法,对比分析了2001—2010年间我国东部和西部地区承接国际产业转移的效率。

（二）西部地区承接产业转移的效率主要体现在就业和出口上

本书发现，在西部地区承接产业转移效率综合得分中，对出口的贡献和净就业增加在第一因子中有较大载荷，说明西部地区承接产业转移的效率主要体现在就业和出口上面。与东部相比，承接产业转移的效率还未完全体现，这与西部地区在承接产业转移过程中出现的重"承接"轻"对接"、盲目承接产业转移、注重承接产业的经济效益而忽视社会效益和生态效益均有关系。

（三）投资环境因子始终占据绝对地位且影响力稳定增强

本书对东西部地区承接产业转移的效率进行了内部结构分析，即考察了三个主因子对效率影响的时间变化。在对东部地区承接产业转移效率的贡献中，综合环境因子始终占据绝对地位，且数值增大，说明投资环境对东部地区承接产业转移效率的影响是绝对的并且逐步提高；贸易因子的作用有升有降，体现了其在影响承接产业转移效率上的不稳定性，这是由于进出口额容易受外部经济环境的影响；政府因子的作用则呈现较大的波动性，说明东部政府的行政能力对承接产业转移效率的提高虽起到一定作用，但不稳定。

同样，在对西部地区承接产业转移效率的贡献中，投资环境因子也始终占据绝对地位并且影响力稳定增强；贸易因子的作用有升有降，体现了西部地区的进出口贸易更易受外部经济环境的影响，进而影响到它对西部地区承接产业转移效率的作用发挥，这与西部地区主要出口资源型产品有很大关系；经济发展因子呈现较大的波动性，说明转移产业对西部地区经济发展和经济结构调整的作用尚未得到充分发挥且不稳定。

（四）西部地区承接产业转移更多地体现为政策推动

总体上判断，我国东部地区承接产业转移的效率逐步提高，承接产业转移的模式逐渐由数量型向质量型转变，其效率提高的动力逐渐倾向于地区综合经济发展。西部地区承接产业转移的效率也有明显提高,但更多地体现为政策推动,而且表现滞后于东部地区。在影响两个地区承接产业转移效率的因素中,投资环境因子始终处于主导地位,环境因素亦产生较大的影响。

三、从产业承接力三大系统遴选承接重点行业

(一)产业承接力三大系统具有时间上的延续性和功能上的继承性

本书在对产业承接力的概念、结构与功能剖析的基础上,充分考虑产业承接力形成的客观原因、基本特征和影响因素,结合指标设计的客观性、全面性和可比性等原则,构建了产业承接力综合评价指标体系,选用因子分析法对 24 个计量指标数据进行综合评价分析。

产业承接力主要涵盖产业吸引力、产业支撑力和产业发展力。产业吸引力是由承接地区自然资源禀赋、成本优势、市场规模与潜力、集聚效应、政策优惠和环境容量等共同形成的吸引产业落地的能力,其大小决定了转移产业进入承接地的意愿;产业支撑力是指支撑落地产业得以存续的能力,包括转移产业承接载体的交通基础设施、信息化水平、政府公共服务等软硬环境因素,其大小关系到落地产业生根存续的问题;产业发展力是指存续产业与本地原有产业基础融为一体形成区域优势突出的产业链,使本地产业规模不断扩大、结构不断完善的融合提升能力,主要包括技术创新、金融支持和制度环境,它反映存续的落地产业可持续发展壮大的可能性。

(二)提高由内生比较优势决定的产业支撑力和产业发展力

从产业承接力三大系统的横向比较来看,高于产业承接力均值的地区其产业吸引力明显低于产业支撑力和产业发展力;而低于均值的地区则具有较高的产业吸引力。如以产业承接力指数最高的四川为例,其产业支撑力指数和产业发展力指数分别为 1.27 和 0.92,其产业吸引力指数却仅为 0.66;而产业承接力指数最低的青海,其产业支撑

力指数和产业发展力指数分别为-0.74和-0.98,其产业吸引力指数仅为-0.68。由此可见,由内生比较优势决定的产业支撑力和产业发展力,将成为区域经济发展较高阶段时产业承接力的重要内容,西部地区应在此方面打好基础。

西部地区的产业承接力较弱,其原因在于,产业发展力和产业支撑力较低。在充分发挥西部地区能源、金属资源优势和西部大开发政策支持的条件下,应优化制度安排,加强基础设施建设,提高政府服务水平;突出西部地区重庆、内蒙古、陕西等产业承接能力较强的重点区域在承接产业转移中的重要作用,进而辐射带动周边地区发展;同时各地区应加强区域分工与协作。

(三)西部地区产业梯度系数不高且行业差距较大

使用产业梯度系数(IGC)计算得到各地区的优势产业后发现:第一,西部地区产业梯度系数不高,行业差异较大,具有明显优势的是资源密集型产业。第二,四川、内蒙古、甘肃和青海具有的优势产业数目相对较多,产业发展基础较好。第三,重庆、四川和陕西在劳动力密集制造业、交通运输、电子通信、机械器材等行业具有相对优势。第四,内蒙古、新疆、甘肃和陕西在资源密集型产业方面具有显著优势,其有色冶金和化工行业也具有明显优势。

(四)以主体功能区建设思路来选择承接的重点产业

西部地区应以主体功能区中的"优先开发区"和"重点开发区"、国家级经济发展战略规划区、都市圈、城市圈(群)为重点地区,结合各地区产业发展规划要求确定其承接产业转移的重点行业。

西部地区拥有丰富的能源、金属资源,在机械制造业、航空航天、专用设备装备制造业和能源化工方面具有良好基础,应重点承接能源化工、专用设备和重型机械产业,同时西部地区具有丰富劳动力资源和沿边地缘优势,应重点承接纺织服装、轻工制品等外向型制造业。

根据本书测算,内蒙古自治区应主要承接能源化工、冶金加工、钢铁、机械制造、专用设备、汽车制造、食品加工、新材料等产业；重庆市应主要承接电子信息、造纸及纸制品业、交通运输设备制造、仪器仪表、食品加工、石油化工、纺织服装和鞋帽制造、办公用机械制造业等产业；四川省应主要承接医药制药、装备制造、电子信息、食品加工、纺织服装和鞋帽制造、造纸印刷、冶金加工、机械制造、金属制品、新材料工业等产业；贵州省应主要承接食品加工、烟草、能源化工、机械制造业等产业；云南省应主要承接黑色金属冶炼及压延加工业、有色金属冶炼及压延加工业、烟草、生物制药、橡胶制品业等产业；广西壮族自治区应主要承接船舶制造、石油化工、冶金加工、食品加工、生物制药业等产业；陕西省应主要承接航空航天、装备制造、电子信息、食品加工、能源化工、生物制药、纺织服装、汽车、新材料等产业；甘肃省应主要承接能源化工、冶金加工、新能源及装备制造、食品加工、制药、电气机械及器材制造业等产业；青海省应主要承接冶金加工、盐湖化工、新能源、新材料、电力热力的生产和供应业等产业；宁夏回族自治区应主要承接能源化工、纺织、食品加工业等产业；新疆维吾尔自治区应主要承接能源化工、黑色金属冶炼及压延加工业、化学纤维、纺织、电气机械及器材制造业、烟草等产业。

四、依据综合指数分层选择和建设重点承接区域

(一) 从吸引力和支撑力方面构建指标

从承接产业转移的动力机制来看，西部地区在承接国内外产业转移时的动力差异主要体现在拉力（吸引力和支撑力）方面。本书选取人均 GDP、工业产值比重、人均地方财政一般预算收入、人均全社会零售消费品总额等指标构建西部地区承接产业转移能力指标体系。通过对西部县（区、旗）产业承接水平的定量评价，甄选整个西部地区和各省区层面承接国内外产业转移的重点地区，为更好地推动西部地区承接国内外产业转移提供参考。

(二)选择综合指数最大的区间作为承接产业的重点地区

西部地区承接产业转移时必须按照"发挥优势、突出重点、以点带面、逐步推进、优化结构"的原则,合理安排承接产业转移的空间时序,加强西部产业转移示范基地建设,引导和促进沿海产业和外商投资向这些地区集中,使之成为沿海产业转移的重要承接地,以确保西部地区承接产业的效率和协调性。

重庆市双桥区、南岸区、大渡口区、江北区、九龙坡区等市区及其周边的潼南县、铜梁县、大足县、璧山县的产业承接能力指数均在 0.179以上,远高于重庆市的其他县(区),为重庆市承接国内外产业转移的重点区域。尤其在两江新区的辐射带动下,该区域在西部地区吸引国内外产业转移尤其是装备制造业方面具有较强的竞争优势。

四川省承接产业转移的能力呈现"东强西弱"的格局,产业承接能力指数较高的县区主要集中在成都市—绵阳市、眉山市—乐山市、攀枝花市三个地区,尤其是成都市—绵阳市地区工业基础较好,地域上互相靠近,科技领先,交通发达,工业化和城镇化水平高,产业集聚效应明显,经济规模大,是带动西南地区及四川省经济发展的重要增长极和承接国内外产业转移的重要基地。

贵州省承接产业转移的能力呈现"东强西弱"的格局,全省产业承接能力指数较高的地区主要包括以贵阳市为中心的黔中地区,以遵义市为中心的黔北地区和以六盘水市为中心的黔西南地区。

云南省承接产业转移的能力地区差异不明显,全省产业承接能力指数较高的地区主要有以昆明、玉溪为中心的滇中地区,以曲靖市为中心的滇东北地区,应将这些地区作为承接国内外产业转移的重点地区。

广西承接产业转移的能力总体呈现"南强北弱"的格局,全区产业承接能力指数较高的地区主要包括南宁市及其周边县市、北部湾地区和河池市北部地区。

陕西省承接产业转移的能力呈现"北强南弱"的格局,全省产业承接能力指数较高的地区主要有包括西安市、宝鸡市等在内的关中中西部地区,包括吴旗县、靖边县、榆林市、府谷县和神木县在内的陕西北部地区。

甘肃省承接产业转移的能力地区差异不明显,全省产业承接能力指数较高的地区主要有兰州市、天水市、酒泉市、嘉峪关市、庆阳市,这些地区的产业承接能力指数大多在 0.243 以上,远高于省内其他地区,应将这些地区作为承接国内外产业转移的重点地区。

青海省承接产业转移的能力呈现"北强南弱"的格局,青藏铁路沿线及其以北地区产业承接能力指数较高,青藏铁路以南地区产业承接能力指数相对较低。产业承接能力指数较高的地区有西宁市及周边地区、格尔木市、德令哈等柴达木盆地地区,这些地区的产业承接能力指数大多在 0.13 以上,远高于省内其他地区,应将这些地区作为青海省承接国内外产业转移的重点地区。

宁夏承接产业转移的能力呈现"北强南弱"的格局,全区产业承接能力指数较高的地区为中卫—中宁—吴忠—盐池一线以北地区,银川市、吴忠市、石嘴山市是宁夏承接国内外产业转移的重点区域。

新疆承接产业转移的能力呈现"北强南弱"的格局,全区产业承接能力指数较高的地区主要有乌鲁木齐市、克拉玛依市、鄯善县等,这些地区的产业承载能力指数大多在 0.203 以上,应将这些地区作为新疆承接国内外产业转移的重点地区。

内蒙古承接产业转移的能力地区差异不明显,全区产业承接能力指数较高的地区主要有呼和浩特、鄂尔多斯、满洲里等,这些地区的产业承接能力指数大多在 0.336 以上,远高于区内其他地区。

(三)西部地区应分层次建设承接产业转移基地

从西部地区经济发展水平、条件和产业承接能力指数看,环北部湾经济区、成渝经济区、关中—天水经济区经济发展水平最高,承接国内外产业转移的条件最优越,具有通过承接国内外产业转移发展为西部经济增长极的巨大潜力,应将其作为西部地区承接国内外产业转移的第一层次和国家级基地进行建设。

西部地区省会所在地绝大部分是百万人口以上的中心城市,并且都形成了各自以城市群和城市体系为依托的经济密集区,自然、经济、社会等各方面因素均较好,经济发展条件优越,可以作为第二层次承接产业转移示范基地。

西部大多数资源富集地区在产业承接能力指数评价中均表现出较高的水平,适宜于大规模集中开发,这对国内外资源密集型、高耗能资源主导性产业具有较强的吸引力。应将晋陕蒙接壤地区、柴达木地区、攀西地区、新疆塔北—吐哈地区、黄河上游地区、六盘水地区、川滇黔地区、长江上游地区(宜宾)宜昌段、乌江流域、红水河流域等资源富集地区作为承接产业转移的第三层次基地进行重点建设。

西部沿边地区第二产业比重不高、企业竞争力弱,应充分利用国内外产业转移的良好机遇,加快发展物流、旅游和其他有优势产业。

五、区分产业转移动机和产业类型制定承接政策

(一)从研判企业空间布局的动机入手理清转移机制

产业转移的主体是企业。要科学承接产业转移,首先必须弄清楚企业空间布局倾向及其外迁决策过程中考虑的因素,主要包括从成本差异角度观察企业外迁动机和从效率差异角度分析企业外迁政策失灵的原因,即弄清楚为什么有些企业不招自来,有些则请也不来,从而增强政策的针对性和有效性。

(二)从研判产业转移类型来分类制定政策体系

淘汰型、主导性、产能型、扩张型、配套型和延伸型转移对承接地的基础设施、资源环境、生产要素的组合和价格水平、配套产业、收入和消费水平等要求不一,必须加以区分,分类制定吸引和承接政策,避免"强拉硬拽"、"运动式"招商。尤其要积极引进那些有助于推动区域

经济内生性发展的产业形态。这是选择承接产业转移类型的根本原则。

（三）从跟踪国际产业转移新特征入手创新承接模式

国际产业转移对象从整体转向片段化的特征告诉我们，区位优势的营造既要考虑整体性，更要打造某个工序的竞争优势；转移主体扮演的双重角色特征，要求我们在引进产业的时候，可能也要做好转出的准备；转移动机复合化的特征提醒我们，既要迎接成本、市场和资源导向产业转移，也要适应通过产业转移来获取外部资源，这将是智慧型企业运作的常态；转移方式的多样化特征告诉我们，招商引资的内涵需要更新，即招商不一定引资，可以是引一个契约，一个合作模式，把自己的企业变为国际企业价值链上的一个或者几个环节；转移路径跨梯度与逆梯度明显化，则给代工企业提出了生产工艺与产品设计能力的新要求；转移行为集群化特征告诉我们，欠发达地区只有培育产业集群环境，重点发展具有比较优势的特色产业集群，塑造专业化竞争优势，才能够吸引来适合本地区位特征的产业落户；传统向外转移国家实施"再工业化"的特征对我国吸引外资产生不利影响，不排除部分欧美企业以转移生产基地、回归本土为筹码，向我国提出诸如放宽投资门槛、降低市场和行业准入标准等方面的要求。所以，本书特别提醒西部地区，要注意把握承接产业转移政策优惠力度，防止优惠过度，陷入"低端锁定"。

（四）从关注我国东部企业外迁动向入手把握承接机会

东部沿海地区向中西部地区产业转移的方式日益多元化，产业链整体搬迁和制造业"抱团转移"正逐步占据主导地位。西部地区要区分主业带动型转移、产业集群式转移、产业链延伸型转移、市场扩张型转移的特征和配套要求，做好承接准备。

在产业转移的过程中，既要看到东部产业转移方向存在"原地转"、"北上"、"东进"与"中移"并行的特征，又要看到西部地区的区位劣势正在逐步得到改善,产业"西移"的潜在优势逐步显现,尤其在政策上比沿海地区开放初期更具吸引力。

(五)从审视约束性条件入手正确评估承接能力

西部地区应从审视约束性条件入手正确评估承接能力,重视弥补基础设施、环境门槛、产业配套能力和带动能力的短板,积极消除"区域黏性"的不利影响,做好产业对接政策。

(六)从深刻理解《指导意见》入手有效增强区位引力

国务院 2010 年 8 月印发的《关于中西部地区承接产业转移的指导意见》,明确了中西部地区承接产业转移的指导思想、基本原则、重点任务和主要措施。本书根据《指导意见》,结合前几章分析,提出以下几点建议:加快改善区位条件,进一步增强承接能力;制定科学的要素组合和要素流动政策体系;合理进行产业选择与产业配套体系建设;加强政府工商管理制度体系建设力度;制定适宜本地特点的区域开放战略;走出优惠政策竞争的误区。

总之,西部地区不仅要重视识别和选择产业承接类型,也要完善配套体系建设,推动落地产业不断壮大。

六、依托"一带一路"夯实产业承接基础

"一带一路"战略是我国从"重陆轻海"转向"陆海统筹",从碎片化布局到整体性规划,构建大陆文明与海洋文明相容并济的可持续发展格局的重要战略举措。做好战略统筹、"硬件对接"和"软件衔接",发挥政策组合和政策叠加优势,防止产业同质、"过剩叠加"和"风险聚集",是西部沿线和沿江地区贯彻落实"一带一路"规划和承接产业转移的关键环节。

(一)统筹对接各类战略规划

在深入实施西部大开发战略的大好形势下,中央相继提出"一带一路"、京津冀协同发展、长江经济带三大战略。这些战略与西部地区

经济社会发展密切相关,利好消息不断,政策叠加优势明显。

在推进战略实施过程中,需要认识清楚战略的内涵和本质特征,把握好战略导向和着力点,按照科学发展观要求,从全局出发,着眼于长远,从国家和地方两个层面,对内和对外两个方位,内陆、沿边和沿海三个区域,通盘考虑,科学论证战略重点、实施步骤、力量部署、重大政策措施等,统筹衔接各项战略和政策,完善协调机制,夯实承接产业转移的物质基础和体制机制基础。

统筹衔接"一带"与"一路"。既要充分利用"新丝绸之路经济带"带来的向西开放发展机遇,又要充分利用"海上丝绸之路"带来的向南开放机遇,统筹对接好两个战略,衔接好相关政策。

统筹衔接新欧亚大陆桥经济走廊。紧紧依托欧亚大陆桥这个国际大通道,以沿线主要节点城市为支撑,进一步深化与哈萨克斯坦、俄罗斯、白俄罗斯以及波罗的海沿岸国家经贸合作。

统筹衔接长江经济带。抓住"一带一路"延伸区域与长江经济带重合的便利条件,利用长江经济带通道承接东部产业,从而收获开放开发的倍加效应。战略对接和协作的重点是:打造长江黄金水道;建立健全区域间互动合作机制;对接产业发展规划;统筹建立健全长江流域生态保护机制与"一带一路"生态保护机制,提升沿线、沿带、沿江生态文明水平等。

统筹衔接京津冀协同发展战略。"一带一路"沿线及相关地区,在制定发展战略中应充分考虑京津冀协同发展产业外迁带来的发展机会,积极对接关联产业,提升协同创新能力,接受其对外围地区产生的辐射效应以及体制机制创新带来示范效应。

统筹衔接"一带一路"沿线地区发展规划。沿线 16 个省(区市)要自身抢抓机遇,发挥传统比较优势,培育新竞争优势,自觉衔接建设规划。

统筹完善国内外合作机制。坚持国内协作与国际对接相结合,建立对话协商平台、开放包容框架、市场机制平台。尤其在生态保护、结构调整、产业基地建设、交通体系和物流体系布局、口岸开放、文化旅游、教育合作、科技攻关等方面，防止"一窝蜂"、"一刀切"、"一锅粥"、"各顾各"等非科学发展的重演。同时，要认真研究和应对企业"走出去"遭遇到的各种政治风险和经济风险。

(二)发挥政策组合与叠加优势

遵循三大规律，发挥政策组合效应。遵循经济规律谋求科学发展，遵循自然规律谋求可持续发展，遵循社会规律谋求包容性发展。尤其在产业布局、结构调整、环境保护、资源开发、扶贫攻坚、过剩产能转移、企业"走出去"和"引进来"等方面，要善于利用财政、税收、金融、产业政策，发挥好各种政策的组合效应。同时，要立足新常态，加强宏观调控。防止优惠政策过度和无序竞争，陷入产业链低端锁定和"一放就乱"的恶性循环；防止新的"过剩叠加"；防止高投资造成新的"风险聚集"。

梳理各种优惠政策，发挥政策叠加优势。西部地区要勤于梳理西部大开发战略、"一带一路"战略以及国家级新区、产业承接示范区等各类倾斜政策，善于发挥政策叠加优势。既要保持战略和政策执行的连续性，又要突出时代感和创新性；既要夯实经济基础，打造"西部特色"，又要提升竞争优势，打造"中国质量"。

构建开放型经济新体制，制订高标准竞争政策体系。要跟踪国际贸易投资规则调整和重构的动态，积极应对贸易规则从边界规则向边界内规则扩展以及"竞争中立"原则被广泛推广和应用带来的严峻挑战，充分认识我国开放型经济从需求面管理转向供给面管理、从边境开放转向体制性开放这个新特征，建立健全开放型经济新体制，实施高标准的开放型政策，打造规范、公正、透明的市场经济环境。

(三)搭建战略平台

西部地区要大力推进国家级新区、国家级开发区率先发展开放型经济，使这些新区和开发区成为国家向西开放的战略平台、国家重要的产业基地、西部重要的增长极和承接产业转移的示范区。

创建高层次会展平台。以向西开放为主要目标的地区要突出丝绸之路和新亚欧大路桥的国际性元素，举办具有国际影响力的综合性品牌展会。

加强企业主体服务平台建设。一要大力开发建设境外原料基地平台，为本地区经济转型跨越提供强力支撑；二要搭建贸易融资平台，发挥出口信用保险政策功能，开展银企对接，破解中小企业融资难题；三要建立外贸公共服务平台，加大政策咨询，提供贸易信息，开展商务人才培训。

（四）加快产业基地建设

西部地区幅员辽阔，经济发展水平差异较大。根据本书第四、五章的研究，各省市区承接产业转移的条件、能力不同，开放基地的建设要按照国家主体功能区规划要求，尊重实际，因地制宜。

（五）强化基础支撑

加快综合交通运输体系建设。以建立智能型现代综合交通运输体系为目标，协调发展铁路、公路、航空和管道运输，逐步形成分工合理、优势互补、多式联运的现代运输网络。

大力促进信息化建设。将信息化建设作为推进开放型经济发展的重要动力，鼓励开展信息技术研发创新，积极推广全球定位系统、地理信息系统、电子标签的应用。

（六）拓展国际合作领域

坚持双向开放。在强调"引进来"承接国际企业转移的同时，我们必须更加关注企业"走出去"参与国际分工，充分利用国际转移的双向性，实现国内市场与国际市场的"内外平衡"。注重提升国内企业价值链的整合能力和国际竞争实力，开拓西部地区承接产业转移新渠道。

明确外资投向和领域。包括重大基础设施、生态环境保护、新能源、新材料、循环经济、优势农产品精深加工等项目开发与建设，传统企业的改造升级,金融、保险等生产性服务业,教育、文化、医疗等社会领域和民生事业。

提升国际合作层次。包括开放境外资源、建设基础设施,资金、技术、工程换资源,探索"投资+劳务"、"技术+劳务"、"工程+劳务"等劳务输出新模式。

西部地区还要高度重视并高水平推进特色文化旅游合作项目,共同开发悠久厚重的丝路文化、敦煌文化和民族民俗文化资源,促进文化生态发展,保护文化形态多样性。

要加强同沿线国家和地区科技教育的双向合作,夯实承接产业转移和国际合作的科技和人才支撑基础。

第二节　未来深化研究的方向

鉴于国内外产业转移给我国西部地区带来的机遇与挑战,本书研究了西部地区承接产业转移的动力机制、引力因素,构建了承接效率指标体系,分析了西部各省市区承接产业转移的重点行业和区域选择,提出了相关政策建议。然而,产业转移问题涉及面极为广泛,目前仍然是国际学术界探讨的前沿课题,本书只是做了一些推进工作,还有很多需要改进和深化的地方。

一、深化动力机制的探索

作为一项经济活动,产业转移是由生产力发展不平衡规律、产业梯度分布规律、生产要素追求回报最大化规律以及市场经济运行规律共同作用所导致的。也就是说,产业转移与承接的动力机制,产生于上述规律的共同作用。按照这个逻辑,我们有待在设计测度、评价产业转移效率的指标方面,加强对技术差距机制、产业类型机制、创新能力机制、本地企业所有权构成机制、人力资本机制等方面做深入探讨。

二、推进全球价值链经贸利益测算方法的应用

关于承接产业效率和利益的测度方法,一直是研究者们破解难题的关键之一。我们在参考以往文献方法时,若干难题依然不易解决。比如,全要素生产率的增长率、前沿技术进步率、相对技术效率及其变化率、资源配置效率的提高在多大程度上是由承接产业转移带来的,如何剔除其他因素的作用,如何令人信服地度量生产率的变化与承接产业转移正相关[①],如何测度产业转移对产业互动效果的影响,等等。

近年来兴起的全球价值链(GVCs)理论及其测算方法,为我们提供了观察产业转移特别是加工贸易利益的一个新工具和视角。随着跨国之间生产分割的增加,全球价值链在地理上连接着产业的分割生产,有助于理解贸易和市场模式的转移。全球价值链理论认为,全球产业转移实际上是价值环节(价值增值率不同)在更广阔空间内的配置优化。[②] 从全球价值链国际分工看产业升级,指的是产业内的技术提升和知识资本不断积累,生产环节向着更具核心技术和高增加值的任务和环节转移。产业升级势必会产生国际产业转移,这种国际产业转移是产品内分工主导下的产业转移,转移的客体不再是完整的价值链,而是部分生产环节和工序。[③]

利用全球价值链理论分析产业内要素和结构的变化,是研究产业转移和产业升级的一个全新视角。这个新视角体现在把产业转移和产

---

① 蔡昉、王德文、曲玥(2009)认为,产业转移本身就是产业升级,但体现在生产率上会有一种滞后效应。参见《中国产业升级的大国雁阵模型分析》,《经济研究》2009 年第 9 期,第 4—14 页。

② Lee,J. R., & Chen,J. S., " Dynamic Synergy Creation with Multiple Business Activities: Toward Acopetence-based Growth Model for Contract Manufacturers ", in R. Sanchez & A. Heene (Eds.),*Research Incompetence-based Management:Advances in Applied Business Strategy* 6A,2000,pp. 311-342,London:Elsevier.

③ 许南、李建军:《产品内分工、产业转移与中国产业结构升级》,《管理世界》2012 年第 1 期,第 182—183 页。

业升级研究放在"全球化"、"价值创造"两个层面以及两者的内在联系上。精确测算通过产业转移和承接(比如加工贸易或者外包)的利益,准确评估不同产品和产业在全球价值链的地位和竞争力,进而明确产业转移与升级的目标和方向。要做的工作主要是两个:一是考察全球价值链参与程度能体现这个产业出口中的国别贡献,这主要反映产业融入全球化生产的深度;二是分解这个产业增加值中的要素贡献,以判断产业升级和结构变化情况。[①] 其政策含义是:在承接产业转移时要重视该产业国内外生产的前后向关联,同时应积极借用跨国公司全球采购网络使本国企业逐步成为全球供货商,一些低端的、国内不适宜承接的生产环节,可以向外国转移。

2014 年 APEC 北京峰会上中国有关价值链议题的倡议,对深化研究起到了不可估量的推动作用。下一步研究,必须分产业建立完整的数据库,这是一个浩大而复杂的工程。

三、开创产业转移问题的非经济学研究

应该说,包括本书在内的国内研究成果,目前仍然停留在将产业转移作为一个经济现象来研究,回答的核心问题还是要素空间移动所引发的相关地区、行业、企业以及政府的经济利益问题。其实,这远远不够。

随着本书所涉及议题的深化,我们越来越感觉到,产业转移与承接,是一场规模巨大的工业化和现代化过程,将对西部地区的经济、社会、文化、生态环境、城市建设、政府管理方式等多方面产生前所未有的深刻影响。仅仅依靠经济学一个学科的理论和方法,是难以高质量完成使命的。目前所遗留下的缺陷,也与此有关。

未来研究,应该充分考虑西部地区在自然环境、经济社会发展等方

---

① 马涛:《全球价值链下的产业升级:基于汽车产业新的分析框架》,中国社会科学院世界经济与政治研究所国际问题研究系列工作论文,2014 年。

面的特殊性和复杂性,借助经济学、人类学、民族学、宗教学、社会学以及人口、资源与环境等多个学科的智慧和力量,跟踪分析产业转移与承接对当地经济、政治、社会、文化、生态发展的影响。

四、跟踪研究产业承接示范区经验与典型案例

在更加规范的经济学分析中,在不同假定下(规模报酬不变、规模报酬递增),产业转移的实现条件和形式可能不同。对于地区生产成本的相对变化是否必然导致产业转移发生,地方保护主义究竟对承接产业转移产生怎样的影响,优惠政策究竟对提高承接效率有何作用,等等,现有文献几乎都停留在假说层面,实地调研明显滞后。当然,即便明知这一缺陷,由于地域广阔以及承接地不便接洽,本书作者在课题研究阶段所做的实地调研也是极为有限的,加之比较有影响的产业承接示范区成长期很短,难以形成有价值的案例。

随着时间的推移,案例研究的条件会越来越成熟。比如国务院批准设立的国家级新区、商务部发布的承接城市以及国家发改委公布的承接示范区,其经验都有必要予以总结和推广,其教训也极为有价值。特别是跟踪研究某个具体产业或企业的案例,对其他行业和企业更具参考价值。

总之,关于产业转移与承接的课题,需要做的工作还有很多。把握并深化研究上述问题,对西部地区承接国内外产业转移与可持续发展、东部地区产业升级和向外转移、地区开放战略的设计和政策制定都具有极为重要的意义。愿我们共同努力。

参 考 文 献

1. 安占然、朱廷珺：《西部地区科学有效承接国内外产业转移的若干建议》，《国际贸易》2012 年第 1 期，第 35—40 页。

2. 安占然：《产业转移的动因与模式：研究进展与前瞻》，《兰州商学院学报》2010 年第 5 期，第 80—86 页。

3. 宾建成：《欧美"再工业化"趋势分析及政策建议》，《国际贸易》2011 年第 2 期，第 23—25 页。

4. 蔡昉、王德文、曲玥：《中国产业升级的大国雁阵模型分析》，《经济研究》2009 年第 9 期，第 4—14 页。

5. 陈刚、陈红儿：《区际产业转移的内涵、机制、效应》，《内蒙古社会科学（汉文版）》2002 年第 1 期，第 17—18 页。

6. 陈自芳：《提升 FDI 外溢效应及引进外资质量的定量化探索》，《学术研究》2005 年第 10 期，第 48—54 页。

7. 邓云峰：《欠发达地区承接产业转移的环境污染问题分析》，《湖湘论坛》2009 年第 1 期，第 122—123 页。

8. 丁建军：《产业转移的新经济地理学解释》，《财经科学》2011 年第 1 期，第 35—42 页。

9. 杜德斌：《跨国公司 R&D 全球化的区位模式研究》，复旦大学出版社 2001 年版，第 78—99 页。

10. 高云虹、王美昌：《中西部地区产业承接的重点行业选择》，《经济问题探索》2012 年第 5 期，第 131—136 页。

11. 龚晓菊、刘祥东：《产业区域梯度转移及行业选择》，《产业经济研究》2012 年第 4 期，第 89—94 页。

12. 龚雪、高长春：《日本向中国产业转移区位选择影响因素研究》，《生产力研究》2008 年第 15 期，第 105—107 页。

13. 顾乃武、朱卫平：《产业互动、服务业集聚与产业转移政策悖论——基于空间计量方法和广东数据的实证分析》，《国际经贸探索》2012 年第 12 期，第 28—34 页。

14. 郭元晞、常晓鸣：《产业转移类型与中西部地区产业承接方式转变》，《社会科学研究》2010 年第 4 期,第 33—37 页。

15. 国家统计局国际统计信息中心课题组:《国际产业转移的动向及我国的选择》,《统计研究》2004 年第 4 期,第 9—11 页。

16. 何洁:《外国直接投资对中国工业部门外溢效应的进一步精确量化》,《世界经济》2000 年第 12 期,第 29—36 页。

17. 何龙斌:《对西部地区承接国内产业转移热的几点思考》,《中外企业》2011 年第 2 期,第 61—64 页。

18. 何龙斌:《西部欠发达地区产业转移承接力的评价与培育——以陕南三市为例》,《延安大学学报(社会科学版)》2010 年第 5 期,第 55—59 页。

19. 贺清云、蒋菁、何海兵:《中国中部地区产业承接的行业选择》,《经济地理》2010 年第 6 期,第 960—964 页。

20. 侯彦温、董国利:《招商引资过程中的地方政府角色定位研究》,《中国商贸》2010 年第 26 期,第 254—256 页。

21. 胡静寅、姚莉、万永坤:《FDI 对中国装备制造业自主创新的影响分析》,《经济问题探索》2011 年第 1 期,第 76—82 页。

22. 胡静寅:《欠发达地区承接国际产业转移中的政府职能让渡问题——以中国西部为例》,《甘肃社会科学》2013 年第 1 期,第 206—209 页。

23. 胡静寅:《西部地区承接产业转移中政府职能让渡问题研究——基于东西部比较》,《甘肃理论学刊》2013 年第 1 期,第 111—117 页。

24. 胡小娟、赵寒:《中国工业行业外商投资结构的环境效应分析——基于工业行业面板数据的实证检验》,《世界经济研究》2010 年第 7 期,第 55—61 页。

25. 李福柱:《"新"新经济地理学研究进展》,《经济学动态》2011 年第 6 期,第 98—102 页。

26. 李国璋 等:《区际产业转移背景下西部应承接什么产业》,《经济问题探索》2013 年第 12 期,第 39—45 页。

27. 李宏兵、朱廷珺:《碳减排和能源约束下我国承接国际产业转移的路径选择》,《中国流通经济》2011 年第 12 期,第 55—59 页。

28. 李伟:《论政府在招商引资中的职能定位》,《求实》2010 年第 3 期,第 30—32 页。

29. 李溪:《经济增长与工业环境污染关系实证研究》,《环境与可持续发展》2011 年第 1 期,第 4—7 页。

30. 李颖、杨慧敏、刘乃全:《新经济地理视角下产业转移的动力机制——以纺织业为例的实证分析》,《经济管理》2012 年第 3 期,第 30—40 页。

31. 李泽民:《基于中国国情的产业转移动力机制探究——兼论我国欠发达地区积极承接产业转移的基本对策》,《学术论坛》2007 年第 11 期,第 122—127 页。

32. 刘峰、阚瑷珂、李国明:《工业园生态化推进的西部典型资源型城市可持续发展研究——以攀枝花为例》,《资源与产业》2012 年第 1 期,第 4—11 页。

33. 刘海洋、孔祥贞、汤二子：《基于微观异质性的新新经济地理研究》,《财经科学》2012 年第 4 期,第 62—71 页。

34. 刘红光、刘卫东、刘志高：《区域间产业转移定量测度研究》,《中国工业经济》2011 年第 6 期,第 79—88 页。

35. 刘友金、肖雁飞、廖双红 等：《基于区位视角中部地区承接沿海产业转移空间布局研究》,《经济地理》2011 年第 10 期,第 1687—1691 页。

36. 刘友全、胡黎明、赵瑞霞：《基于产品内分工的国际产业转移新趋势研究动态》,《经济学动态》2011 年第 3 期,第 101—105 页。

37. 卢根鑫：《国际产业转移论》,上海人民出版社 1997 年版,第 11—70 页。

38. 罗宏翔、赵果庆：《FDI 产业空间自相关与空间集聚——再论为什么 FDI 不集聚西部》,《经济管理》2012 年第 9 期,第 37—45 页。

39. 罗哲 等：《西部地区承接转移的能力分析与规模测度》,《甘肃社会科学》2012 年第 6 期,第 90—94 页。

40. 马涛、李东、杨建华 等：《地区分工差距的度量：产业转移承接能力评价的视角》,《管理世界》2009 年第 9 期,第 168—169 页。

41. 马子红：《中国区际产业转移与地方政府的政策选择》,人民出版社 2009 年版,第 35—69 页。

42. 曲波：《青海省招商引资外部行政环境评价与分析》,《当代经济》2009 年第 1 期,第 25—27 页。

43. 沈惊宏、孟德友、陆玉麒：《皖江城市带承接长三角产业转移的空间差异分析》,《经济地理》2012 年第 3 期,第 43—49 期。

44. 孙浩进、陈耀：《我国产业转移的区域福利效应研究——演化经济学视角》,《经济管理》2013 年第 11 期,第 24—35 页。

45. 孙雅娜、边恕：《辽宁承接国际产业转移的能力与对策》,《辽宁经济》2007 年第 1 期,第 25—27 页。

46. 万永坤：《西部欠发达地区产业转移承接效应的实证分析》,《兰州大学学报（社科版）》2011 年第 3 期,第 104—108 页。

47. 王炳才、李亚娜：《技术创新与产业区际转移》,经济管理出版社 2009 年版。

48. 王成军、刘芳、王德应：《产业转移与区域创新的乘积效应对经济增长影响的实证分析》,《经济体制改革》2014 年第 6 期,第 42—46 页。

49. 王文成、杨树旺：《中国产业转移问题研究：基于产业集聚效应》,《中国经济评论》2004 年第 8 期,第 16—20 页。

50. 王业强、魏后凯、蒋媛媛：《中国制造业区位变迁：结构效应与空间效应》,《中国工业经济》2009 年第 7 期,第 44—55 页。

51. 王作成、韩联伟、穆文龙 等：《河南承接产业转移的重点选择及对策分析》,《中州学刊》2012 年第 4 期,第 30—34 页。

52. 魏后凯:《产业转移的发展趋势及其对竞争力的影响》,《福建论坛(经济社会版)》2003年第4期,第11—15页。

53. 徐艳飞、和瑞芳、丁文君:《西部地区承接产业转移空间分布研究》,《资源开发与市场》2010年第2期,第160—164页。

54. 闫安:《我国区域产业转移综合承接能力评价研究》,《合肥工业大学学报(社会科学版)》2012年第5期,第1—6页。

55. 杨先明:《中国西部外资问题研究》,人民出版社2008年版,第9—22页。

56. 杨新房、任丽君、李红芹:《外国直接投资对国内资本"挤出"效应的实证研究——从资本形成角度看FDI对我国经济增长的影响》,《国际贸易问题》2006年第9期,第74—78页。

57. 杨亚平、周泳宏:《成本上升、产业转移与结构升级》,《中国工业经济》2013年第7期,第147—159页。

58. 叶茂升、肖德:《我国东部地区纺织业转移的区位选择》,《国际贸易问题》2013年第8期,第83—94页。

59. 叶玉瑶、李小彬、张虹鸥:《珠江三角洲建设用地开发利用极限研究》,《资源科学》2008年第5期,第683—687页。

60. 余珮、孙永平:《集聚效应对跨国公司在华区位选择的影响》,《经济研究》2011年第1期,第71—81页。

61. 张冬梅:《提升西部地区产业承接能力研究》,《现代经济探讨》2008年第10期,第56—58页。

62. 张公嵬、梁琦:《产业转移与资源的空间配置效应研究》,《产业经济评论》2010年第9期,第1—21页。

63. 张宏:《"跨国并购"与山东的积极引资政策》,《山东社会科学》2004年第4期,第43—46页。

64. 张建勤:《我国利用外资质量的现状与对策建议》,《当代亚太》2000年第5期,第45—48页。

65. 张明:《中国经济新常态:内涵与展望》,中国社会科学院世界经济与政治研究所工作论文,2015年,第1—4页。

66. 张少军、刘志彪:《全球价值链模式的产业转移》,《中国工业经济》2009年第11期,第5—15页。

67. 张弢、李松志:《产业区域转移形成的影响因素及模型探讨》,《经济问题探索》2008年第1期,第49—53页。

68. 张婷婷、高新才:《我国欠发达地区承接产业转移实证比较研究》,《青海社会科学》2009年第1期,第21—24页。

69. 张卫红:《产业转移的动力机制及评价指标分析》,《学术论坛》2010年第11期,第130—133页。

70. 张新起:《西部小微企业对接产业转移过程中金融缺口问题研究》,《经济管理》2012年第9期,第46—52页。

71. 张彦博、郭亚军、曲洪敏:《成本视角下FDI的区位选择与产业转移》,《东北大学学报(自然科学版)》2010年第2期,第293—296页。

72. 张燕生:《国际产业转移对中国经济的影响》,《国际经济评论》2007年第11—12期,第36—37页。

73. 郑鑫、陈耀:《运输费用、需求分布与产业转移——基于区位理论的模型分析》,《中国工业经济》2012年第2期,第57—67页。

74. 朱廷珺、安占然:《甘肃省开放型经济发展战略研究》,甘肃人民出版社2009年版,第2—88页。

75. 朱廷珺、安占然:《西部大开发应处理好几个关系》,《经济学动态》2000年第9期,第34—36页。

76. 朱廷珺、胡安亚:《工序贸易的研究路径与进展》,《经济经纬》2010年第4期,第57—61页。

77. 朱廷珺、李宏兵:《异质企业假定下的新新贸易理论:研究进展与评论》,《国际经济合作》2010年第4期,第81—86页。

78. 朱廷珺、李宏兵:《异质性、双向外包与企业研发决策:理论模型与经验证据》,《南开经济研究》2012年第3期,第39—51页。

79. 朱廷珺、李宏兵:《异质性企业国际转移的动力机制与路径选择》,《国际贸易问题》2011年第10期,第48—59页。

80. 朱廷珺、李宏兵:《异质性企业国际转移理论的研究路径及新进展》,《国际经济合作》2011年第6期,第90—94页。

81. 朱廷珺、林薛栋:《非对称一体化如何影响区内技术差距——基于新经济地理学视角》,《国际经贸探索》2014年第8期,第41—51页。

82. 朱廷珺、林薛栋:《全球化下的经济赶超路径探索——基于D-S框架》,《南开经济研究》2014年第4期,第32—49页。

83. 朱廷珺、王怀民、郭界秀、李宏兵:《国际贸易前沿问题》,北京大学出版社2012年版,第183—233页。

84. 朱廷珺:《外国直接投资的贸易效应研究》,人民出版社2006年版,第39—211页。

85. 朱廷珺:《走出优惠政策竞争的误区》,《光明日报(理论版)》2003年12月16日。

86. Akamatsu K., "A Historical Pattern of Economic Growth in Developing Countries", *The Developing Economies*, Vol.14, 1962, pp.3-25.

87. Antras, Pol and Elhanan Helpman, "Contractual Frictions and Global Sourcing", *Working Paper*, 2007.

88. Antras, Pol and Elhanan Helpman, "Global Sourcing", *Journal of Political Economy*, Vol.112, No.3, 2004, pp.552-580.

89. Antras, Pol, Luis Garicano and Esteban Rossi-Hansberg, "Offshoring in a Knowledge Economy", *Quarterly Journal of Economics*, Vol.121, No.1, 2006, pp.31-77.

90. Antras, Pol, "Firms, Contracts, and Trade Structure", *Quarterly Journal of Economics*, Vol.118, No.4, 2003, pp.1375-1418.

91. Antras, Pol, "Incomplete Contracts and the Product Cycle", *American Economic Review*, Vol.95, No, 4, 2005, pp.1054-1073.

92. Baldwin, R. E. and T. Okubo, "Agglomeration, Offshoring and Heterogeneous Firms", *CEPR Discussion Paper*, No.5663(5), 2006a.

93. Baldwin, R. E. and F. R. Nicoud, "Trade-in-goods and trade-in-tasks: An Integrating Framework", *NBER Working Paper*, No.15882(4), 2010.

94. Baldwin, R. E. and T. Okubo, "Agglomeration and the Heterogeneous Firms Trade Model", *Working Paper*, No.9, 2005.

95. Baldwin, R. E. and T. Okubo, "Heterogeneous Firms, Agglomeration and Economic Geography: Spatial Selection and Sorting", *Journal of Economic Geography*, Vol.6, 2006, pp. 323-346.

96. Baldwin, R.E. and T.Okubo, "Tax Reform, Delocation and Heterogeneous Firms", *NBER Working Paper*, No. 15109(4), 2009.

97. Bernard, A., J. Eaton, J. B. Jensen and S. Kortum, "Plants and Productivity in International Trade", *American Economic Review*, Vol.93, 2003, pp.1268-1290.

98. Buckley, P. J., J. Clegg and C.Wang, "The Relationship between Inward Foreign Direct Investment and the Performance of Domestically-owned Chinese Manufacturing Industry", *The Multinational Business Review*, Vol.112, No.3, 2004, pp.37-38.

99. Cheng, L.K. and Y.K.Kwan, "What are the Determinants of the Location of Foreign Direct Investment? The Chinese Experience", *Journal of International Economics*, Vol.51, No.2, 2000, pp.379- 400.

100. Grossman, Gene M. and Esteban Rossi-Hansberg, "Tasks Trade between Similar Countries", *Working Paper*, 2010.

101. Grossman, G. M. and E. Rossi-Hansberg, "Trading Tasks: A Simple Theory of Offshoring", *American Economic Review*, Vol. 98, No.5, 2008, pp.1978-1997.

102. Tsechien, H. , "Heterogeneous Firms, Sector Size and Effects of Trade on Industry Productivity", *NBER Working Paper*, No.13565, 2007.

103. Helpman, E., M. Melitz and S. Yeaple, "Export versus FDI", *American Economic Review*, Vol.94, 2004, pp.300-316.

104. Kumar, N., *Globalization and the Quality of Foreign Direct Investment*, New Delhi: Oxford University Press, 2002, p.169.

105. Wissen Leovan and Veronique Schutjens, "Geographical Scale and the Role of Firm

Migration in Spatial Economic Dynamics", 2005 Paper to be presented at the 45th European Congress of the Regional Science Association, Amsterdam. 2005.

106. Melitz, M. and G. I. P. Ottaviano, "Market Size, Trade and Productivity", *Review of Economic Studies*, Vol.75, 2008, pp.295-316.

107. Nocke, Volker and Stephen Yeaple, "Cross-border Mergers and Acquisitions vs Greenfield Foreign Direct Investment: The Role of Firm Heterogeneity", *Journal of International Eeonomies*, Vol.72, 2007, pp.336-365.

108. Ottaviano, G. I. P., "'New' New Economic Geography: Firm Heterogeneity and Agglomeration Economies", *Journal of Economic Geography*, Vol.11, 2011, pp.231-240.

109. Partridge, M. et al., "Do New Economic Geography Agglomeration Shadows Underlie Current Population Dynamics across the Urban Hierarchy?" *Regional Science*, Vol.6, 2009, pp. 445-466.

110. Pellenbarg, P.H., L.J.G. van Wissen and J. van Dijk, "Firm Relocation: State of the Art and Research Prospects", *SOM Research Report* 02D31, Groningen: University of Groningen, 2002.

111. Feenstra, Robert C., *Advanced International Trade Theory and Evidence*, Princeton University Press, 2004.

112. Root F. and A. Ahmed , "Empirical Determinants of Manufacturing Direct Foreign Investment", *Economic Development and Cultural Change*, Vol.27, 1979, pp.751-767.

113. Venables, A. J., "Equilibrium Locations of Vertically Linked Industries", *International Economic Review*, Vol.3, 1996, p.72.

114. Wheeler, D. Ashoka Mody, "International Investment Location Decisions: The Case of U. S. Firms", *Journal of International Economics*, Vol.33, 1992, pp.57-76.

115. Zixiang (Alex) Tan, "Product Cycle Theory and Telecommunications Industry Foreign Direct Investment, Government Policy and Indigenous Manufacturing in China ", *Telecommunications Policy*, Vol.26, 2002, pp.17-30.

附表　西部地区 11 个省区市承接国内外产业转移的能力指数表①

地区名称	人均GDP（元）	工业产值占GDP比例(%)	人均地方财政一般预算收入（元）	人均社会消费品零售总额（元）	人均GDP标准化值	工业比重标准化值	人均财政标准化值	人均消费标准化值	承接能力指数
重庆市									
双桥区	78637	75.4	5061	7411	0.266	0.791	0.024	0.080	0.337
南岸区	57777	53.11	4690	34031	0.193	0.556	0.023	0.376	0.311
大渡口区	74805	63.11	3598	11142	0.252	0.662	0.017	0.121	0.301
九龙坡区	71691	45.59	3877	31185	0.242	0.477	0.019	0.344	0.290
江北区	71671	33.5	6753	42363	0.241	0.350	0.033	0.468	0.281
璧山县	24068	65.16	2401	7747	0.075	0.683	0.011	0.083	0.254
沙坪坝区	53053	43.84	3708	25363	0.176	0.459	0.018	0.279	0.254
渝中区	96582	2.58	6803	60217	0.329	0.024	0.033	0.667	0.245
北碚区	36594	54.62	2137	13043	0.119	0.572	0.010	0.142	0.243
涪陵区	37566	52.97	1980	9140	0.122	0.555	0.009	0.099	0.228
大足县	15005	56.9	1067	4801	0.043	0.596	0.005	0.051	0.210
江津区	20304	49.66	1313	7195	0.061	0.520	0.006	0.077	0.197
万州区	28856	47.02	1177	7486	0.091	0.492	0.005	0.080	0.196

① 受篇幅所限，本表只提供了西部各省区市承接国内外产业转移能力指数排名前 20 位的县区数据。受数据所限，西藏自治区未做指数评价，宁夏回族自治区银川市包括了兴庆区、西夏区和金凤区，石嘴山市包括了大武口区和惠农区，因此，宁夏回族自治区只有 19 个县区数据。

地区名称	人均GDP（元）	工业产值占GDP比例（%）	人均地方财政一般预算收入（元）	人均社会消费品零售总额（元）	人均GDP标准化值	工业比重标准化值	人均财政标准化值	人均消费标准化值	承接能力指数
铜梁县	17969	51	1404	5604	0.053	0.534	0.007	0.060	0.196
潼南县	12488	52.1	650	4287	0.034	0.546	0.003	0.045	0.190
永川区	26715	43.04	1804	9977	0.084	0.450	0.009	0.108	0.188
黔江区	18680	44.77	1689	6761	0.056	0.468	0.008	0.072	0.179
万盛区	18345	44.43	1495	7007	0.055	0.465	0.007	0.075	0.178
南川区	21339	42.24	1416	7235	0.065	0.442	0.007	0.078	0.174
长寿区	19768	43.53	1651	4801	0.060	0.455	0.008	0.051	0.171
四川省									
攀枝花市东区	66912	68.05	1582	26813	0.225	0.714	0.007	0.295	0.347
攀枝花市西区	40039	81.61	1257	10740	0.131	0.857	0.006	0.117	0.329
成都市锦江区	62784	11.4	6736	90203	0.210	0.117	0.033	0.965	0.320
乐山市沙湾区	48544	76.42	1877	6575	0.160	0.802	0.009	0.070	0.309
攀枝花市仁和区	40278	73.84	2282	7576	0.131	0.775	0.011	0.081	0.296
成都市青白江区	50431	68.44	2559	8704	0.167	0.718	0.012	0.094	0.290
成都市龙泉驿区	53463	64.94	3559	10659	0.178	0.681	0.017	0.116	0.287
郫县	53080	63.69	4572	10994	0.176	0.668	0.022	0.119	0.285
宜宾市翠屏区	39324	64.63	4491	13680	0.128	0.678	0.022	0.149	0.282

续表

地区名称	人均GDP（元）	工业产值占GDP比例（%）	人均地方财政一般预算收入（元）	人均社会消费品零售总额（元）	人均GDP标准化值	工业比重标准化值	人均财政标准化值	人均消费标准化值	承接能力指数
自贡市自流井区	49306	53.06	106	24634	0.163	0.556	0.000	0.271	0.276
石棉县	32226	69.97	2487	7160	0.103	0.734	0.012	0.077	0.276
乐山市五通桥区	27732	70.76	816	7774	0.087	0.742	0.004	0.084	0.274
盐边县	33384	69.93	2065	3625	0.107	0.734	0.010	0.038	0.267
自贡市大安区	29205	68.44	131	6200	0.093	0.718	0.000	0.066	0.263
绵阳市涪城区	44634	54.78	3832	17346	0.147	0.574	0.018	0.190	0.263
成都市新都区	44452	58.88	2947	11420	0.146	0.617	0.014	0.124	0.261
威远县	26171	68.04	626	4825	0.082	0.714	0.003	0.051	0.256
德阳市旌阳区	40202	58.37	1601	11235	0.131	0.612	0.008	0.122	0.253
成都市温江区	50518	52.45	4936	13393	0.167	0.549	0.024	0.146	0.252
内江市中区	24789	62.37	285	10811	0.077	0.654	0.001	0.117	0.251
贵州省									
盘县	20092	66.59	1897	3338	0.061	0.698	0.009	0.034	0.244
仁怀市	36626	60.59	1921	5803	0.119	0.635	0.009	0.062	0.244
息烽县	24240	59.29	1444	4062	0.075	0.622	0.007	0.042	0.225
六盘水市钟山区	30360	51.29	1386	11765	0.097	0.537	0.006	0.128	0.223
龙里县	16778	60.78	1107	2530	0.049	0.637	0.005	0.025	0.219

续表

地区名称	人均GDP（元）	工业产值占GDP比例（%）	人均地方财政一般预算收入（元）	人均社会消费品零售总额（元）	人均GDP标准化值	工业比重标准化值	人均财政标准化值	人均消费标准化值	承接能力指数
贵阳市小河区	25223	45.13	2307	16527	0.079	0.472	0.011	0.181	0.211
贵阳市白云区	24731	50.86	2313	7161	0.077	0.533	0.011	0.077	0.206
遵义市汇川区	25864	45.55	1216	11244	0.081	0.477	0.006	0.122	0.198
贵阳市云岩区	32587	36.72	1557	18916	0.104	0.384	0.007	0.208	0.194
水城县	9924	54.25	874	1102	0.025	0.568	0.004	0.009	0.188
平坝县	13919	51.19	877	3489	0.039	0.536	0.004	0.036	0.187
玉屏侗族自治县	20831	49.38	1159	3488	0.063	0.517	0.005	0.036	0.187
贞丰县	11577	53.36	1074	1374	0.031	0.559	0.005	0.013	0.187
金沙县	15408	49.8	1938	2380	0.044	0.521	0.009	0.024	0.182
纳雍县	10498	48.68	865	1533	0.027	0.510	0.004	0.014	0.171
普定县	8012	47.84	590	2078	0.018	0.501	0.003	0.020	0.167
铜仁地区万山特区	14914	45.35	1114	2530	0.043	0.475	0.005	0.025	0.166
福泉市	18829	42.73	1408	3616	0.056	0.447	0.007	0.037	0.164
遵义县	14391	42.23	813	3211	0.041	0.442	0.004	0.033	0.157
兴义市	18150	36.34	1468	7720	0.054	0.380	0.007	0.083	0.153
云南省									
玉溪市红塔区	88498	74.83	2202	16180	0.3	0.785	0.01	0.177	0.362

续表

地区名称	人均GDP（元）	工业产值占GDP比例（%）	人均地方一般财政预算收入（元）	人均社会消费品零售总额（元）	人均GDP标准化值	工业比重标准化值	人均财政标准化值	人均消费标准化值	承接能力指数
昆明市五华区	62612	47.17	2399	33113	0.21	0.494	0.011	0.365	0.291
弥勒县	26434	73.28	1328	3241	0.083	0.769	0.006	0.033	0.271
个旧市	26744	61.85	2001	7805	0.084	0.649	0.009	0.084	0.245
曲靖市麒麟区	40313	52.88	1322	10296	0.132	0.554	0.006	0.112	0.233
安宁市	40474	51.37	4884	8856	0.132	0.538	0.024	0.096	0.228
昆明市东川区	16426	57.63	1503	3700	0.048	0.604	0.007	0.038	0.212
楚雄市	29456	48.15	1906	10515	0.093	0.504	0.009	0.114	0.209
新平彝族傣族自治县	18860	55.35	1986	3315	0.056	0.58	0.009	0.034	0.206
华坪县	16213	52.82	2095	4086	0.047	0.553	0.01	0.043	0.197
富源县	15682	53.63	1073	2488	0.045	0.562	0.005	0.025	0.194
会泽县	10718	53.49	606	1586	0.028	0.56	0.003	0.015	0.187
昆明市官渡区	58035	22.79	3062	24023	0.194	0.237	0.015	0.264	0.184
大理市	27559	41.74	2340	9708	0.087	0.437	0.011	0.105	0.184
开远市	28500	41.71	2051	6883	0.09	0.436	0.01	0.074	0.178
祥云县	13596	48.22	713	3885	0.038	0.505	0.003	0.04	0.178
沾益县	22941	46.01	1292	3059	0.071	0.482	0.006	0.031	0.177
蒙自市	17941	45.04	1948	5415	0.053	0.471	0.009	0.057	0.176

续表

地区名称	人均GDP（元）	工业产值占GDP比例（%）	人均地方财政一般预算收入（元）	人均社会消费品零售总额（元）	人均GDP标准化值	工业比重标准化值	人均财政标准化值	人均消费标准化值	承接能力指数
昭通市昭阳区	15454	46.03	604	5177	0.044	0.482	0.003	0.055	0.175
峨山彝族自治县	20423	44.56	1790	4391	0.062	0.466	0.008	0.046	0.174
广西壮族自治区									
玉州区	25950	36.97	492	138943	0.081	0.386	0.002	1.542	0.489
福绵区	11932	41.26	584	105854	0.032	0.431	0.003	1.174	0.408
柳州市	35230	59.08	1568	13731	0.114	0.619	0.007	0.150	0.258
天峨县	27213	62.6	1217	3532	0.086	0.656	0.006	0.037	0.237
南丹县	21415	60.7	975	4678	0.065	0.636	0.004	0.049	0.228
岑溪市	18741	61.07	869	3874	0.056	0.640	0.004	0.040	0.225
平果县	18932	60.74	1451	3046	0.057	0.637	0.007	0.031	0.222
靖西县	14098	60.26	642	2234	0.040	0.632	0.003	0.022	0.214
苍梧县	18227	54.93	649	3800	0.054	0.576	0.003	0.039	0.204
梧州市	19430	51.23	653	6842	0.058	0.537	0.003	0.073	0.200
金城江区	24902	48.14	510	9030	0.078	0.504	0.002	0.098	0.200
右江区	30795	46.34	685	7947	0.098	0.485	0.003	0.086	0.196
临桂县	23889	49.15	1325	3995	0.074	0.515	0.006	0.042	0.190
永福县	25715	47.43	755	5000	0.080	0.497	0.003	0.053	0.188

续表

地区名称	人均 GDP（元）	工业产值占 GDP 比例（%）	人均地方一般财政预算收入（元）	人均社会消费品零售总额（元）	人均 GDP 标准化值	工业比重标准化值	人均财政标准化值	人均消费标准化值	承接能力指数
隆林各族自治县	11777	53.66	483	1747	0.032	0.562	0.002	0.017	0.188
德保县	15022	52.09	719	1494	0.043	0.546	0.003	0.014	0.186
鹿寨县	25201	47.04	569	4585	0.079	0.492	0.002	0.048	0.185
田东县	20897	49.1	934	2575	0.063	0.514	0.004	0.026	0.184
蒙山县	20002	47.54	643	3272	0.060	0.498	0.003	0.034	0.179
兴安县	24207	43.93	1143	5577	0.075	0.460	0.005	0.059	0.177
陕西省									
府谷县	111378	84.14	7371	9235	0.381	0.884	0.036	0.100	0.401
志丹县	90907	86.86	10132	3745	0.309	0.912	0.049	0.039	0.381
吴起县	88593	86.7	13268	2875	0.301	0.910	0.065	0.029	0.380
神木县	147295	68.44	6539	6347	0.507	0.718	0.032	0.068	0.372
靖边县	73156	81.8	3654	8758	0.247	0.859	0.018	0.095	0.355
黄陵县	54608	75.96	4723	6014	0.182	0.797	0.023	0.064	0.314
定边县	52260	77.4	3238	4189	0.173	0.812	0.016	0.044	0.311
凤县	66337	69.71	2537	9486	0.223	0.731	0.012	0.103	0.31
西安市未央区	78122	38.78	2797	44908	0.264	0.405	0.013	0.496	0.307
安塞县	39133	79.39	4216	3052	0.127	0.833	0.020	0.031	0.304

地区名称	人均GDP（元）	工业产值占GDP比例(%)	人均地方财政一般预算收入（元）	人均社会消费品零售总额（元）	人均GDP标准化值	工业比重标准化值	人均财政标准化值	人均消费标准化值	承接能力指数
高陵县	50971	74.48	1766	4483	0.169	0.782	0.008	0.047	0.299
宝鸡市渭滨区	57366	53.99	624	22286	0.191	0.566	0.003	0.245	0.280
西安市新城区	64738	25.08	3248	56601	0.217	0.261	0.016	0.626	0.279
延川县	33847	74.39	958	2605	0.109	0.781	0.004	0.026	0.279
华县	22135	73.16	1150	2714	0.068	0.768	0.005	0.027	0.265
韩城市	36331	66.17	1747	5370	0.118	0.694	0.008	0.057	0.261
宝鸡市金台区	45342	54.75	578	16398	0.149	0.574	0.003	0.180	0.258
子长县	21950	69.14	3109	2683	0.067	0.725	0.015	0.027	0.254
西安市莲湖区	58822	33.5	3488	36602	0.196	0.350	0.017	0.404	0.252
彬县	23003	66.66	1460	3914	0.071	0.699	0.007	0.041	0.248
甘肃省									
嘉峪关市	83214	77.82	3998	11515	0.282	0.817	0.019	0.125	0.358
金昌市金川区	74223	78.57	1150	12667	0.250	0.825	0.005	0.138	0.353
兰州市城关区	29524	39.52	7789	34010	0.094	0.358	0.038	0.375	0.326
兰州市安宁区	59123	65.89	1255	20081	0.197	0.691	0.006	0.220	0.316
庆城县	34085	82.06	684	4954	0.110	0.862	0.003	0.052	0.310
华亭县	25481	77.53	2279	5447	0.080	0.814	0.011	0.058	0.290

续表

地区名称	人均 GDP（元）	工业产值占 GDP 比例(%)	人均地方一般预算收入（元）	人均社会消费品零售总额（元）	人均 GDP 标准化值	工业比重标准化值	人均财政标准化值	人均消费标准化值	承接能力指数
天水市秦州区	15552	56.57	564	6089	0.135	0.361	0.005	0.065	0.286
白银市平川区	29087	75.77	1143	4953	0.092	0.795	0.005	0.052	0.285
玉门市	69165	61.73	913	9388	0.233	0.647	0.004	0.102	0.284
白银市白银区	51076	54.45	987	15990	0.169	0.571	0.005	0.175	0.261
兰州市红古区	45589	57.83	3210	11858	0.150	0.606	0.015	0.129	0.259
天水市麦积区	14527	49.85	278	6500	0.041	0.406	0.003	0.070	0.242
肃南裕固族自治县	41365	56.77	301	6059	0.135	0.595	0.001	0.065	0.235
酒泉市肃州区	32854	53.93	444	9271	0.105	0.565	0.002	0.100	0.226
兰州市七里河区	38246	41.49	2305	21132	0.124	0.434	0.011	0.232	0.221
崇信县	17015	58.25	1477	3501	0.050	0.611	0.007	0.036	0.214
庆阳市西峰区	32854	50.07	982	7989	0.105	0.524	0.004	0.086	0.211
肃北蒙古族自治县	161622	77.24	332	8443	0.557	0.811	0.001	0.091	0.210
兰州市西固区	24586	43.34	1795	14603	0.076	0.453	0.008	0.160	0.199
永靖县	12929	55.33	701	1479	0.036	0.580	0.003	0.014	0.195
青海省									
冷湖	213027	95.19	2767	1016	0.737	0.985	0.013	0.009	0.435
茫崖	156172	76.91	19255	7660	0.538	0.807	0.094	0.082	0.424

续表

地区名称	人均GDP（元）	工业产值占GDP比例（%）	人均地方财政一般预算收入（元）	人均社会品零售总额（元）	人均GDP标准化值	工业比重标准化值	人均财政标准化值	人均消费标准化值	承接能力指数
大柴旦	115029	86.14	1295	7193	0.393	0.905	0.006	0.077	0.399
天峻县	79988	81.63	21193	13793	0.271	0.857	0.103	0.151	0.392
格尔木市	93053	70.05	8399	23142	0.316	0.735	0.041	0.255	0.374
西宁市城北区	61047	63.99	1187	19209	0.204	0.671	0.005	0.211	0.309
乌兰县	41537	74.57	1848	3812	0.136	0.783	0.009	0.040	0.290
西宁市城东区	42725	69.9	937	18269	0.140	0.652	0.004	0.200	0.286
尖扎县	33575	75.86	784	1413	0.108	0.796	0.004	0.013	0.280
西宁市城中区	39203	65.3	1002	28136	0.128	0.536	0.005	0.31	0.251
大通回族土族自治县	18039	67.76	664	1980	0.053	0.711	0.003	0.019	0.241
海晏县	26356	61.8	2869	4691	0.083	0.648	0.014	0.049	0.238
湟中县	18023	64.88	160	1333	0.053	0.681	0.000	0.012	0.230
玛沁县	22336	54.06	410	2529	0.069	0.566	0.002	0.025	0.201
贵德县	16385	52.37	691	2442	0.048	0.549	0.003	0.024	0.190
德令哈市	44757	37.11	1673	7045	0.147	0.388	0.008	0.076	0.177
化隆回族治县	8968	50.64	218	1338	0.022	0.530	0.001	0.012	0.175
湟源县	12302	44.66	525	2238	0.033	0.467	0.002	0.022	0.160
西宁市城西区	54001	2.63	2093	29591	0.180	0.024	0.018	0.326	0.131

续表

地区名称	人均GDP（元）	工业产值占GDP比例(%)	人均地方财政一般预算收入（元）	人均社会消费品零售总额（元）	人均GDP标准化值	工业比重标准化值	人均财政标准化值	人均消费标准化值	承接能力指数
都兰县	14923	33.52	1128	3547	0.043	0.350	0.005	0.037	0.130
宁夏回族自治区									
灵武市	62993	72.87	3938	2821	0.211	0.765	0.019	0.029	0.302
石嘴山市	73407	56.28	3652	10256	0.201	0.821	0.16	0.138	0.286
银川市	43867	46.03	3730	14087	0.144	0.482	0.018	0.154	0.225
青铜峡市	31312	55.6	2006	3923	0.100	0.583	0.010	0.041	0.219
平罗县	30182	50.82	2052	5553	0.096	0.532	0.010	0.059	0.206
贺兰县	27268	41.26	2461	18699	0.086	0.431	0.012	0.205	0.205
永宁县	28528	42.64	1925	4409	0.090	0.446	0.009	0.046	0.175
石嘴山市利通区	18801	33.38	1711	7064	0.056	0.348	0.008	0.076	0.142
中卫沙坡头区	21527	32.09	1087	4563	0.066	0.335	0.005	0.048	0.133
中宁县	21113	33.43	981	2741	0.064	0.349	0.004	0.028	0.132
盐池县	17913	30.82	1405	3674	0.053	0.321	0.007	0.038	0.124
同心县	7661	28.18	225	1518	0.017	0.294	0.001	0.014	0.100
彭阳县	7051	17.98	347	1493	0.015	0.186	0.001	0.014	0.066
泾源县	6617	13.43	198	1661	0.013	0.138	0.001	0.016	0.05
石嘴山市红寺堡区	4555	13.35	342	1408	0.006	0.137	0.001	0.013	0.048

地区名称	人均GDP（元）	工业产值占GDP比例（%）	人均地方财政一般预算收入（元）	人均社会消费品零售总额（元）	人均GDP标准化值	工业比重标准化值	人均财政标准化值	人均消费标准化值	承接能力指数
固原市原州区	10913	8.34	236	3856	0.028	0.084	0.001	0.04	0.043
隆德县	6492	11.33	182	1648	0.013	0.116	0.001	0.016	0.043
西吉县	5061	10.49	89	1532	0.008	0.107	0.000	0.014	0.039
海原县	5415	5.88	128	1016	0.009	0.059	0.000	0.009	0.023
新疆维吾尔族自治区									
克拉玛依市白碱滩区	255758	92.98	3714	6081	0.887	0.977	0.018	0.065	0.542
克拉玛依市独山子区	188973	89.78	17042	10340	0.653	0.943	0.083	0.112	0.499
克拉玛依市克拉玛依区	80681	67.3	2932	14441	0.273	0.706	0.014	0.158	0.327
库尔勒市	80340	68.98	2971	8083	0.272	0.724	0.014	0.087	0.317
石河子市	95752	62.05	8425	6814	0.326	0.651	0.041	0.073	0.309
乌鲁木齐市新市区	59291	62.92	1635	18041	0.198	0.660	0.008	0.198	0.302
乌鲁木齐市米东区	55161	66.38	4152	7283	0.184	0.696	0.020	0.078	0.286
鄯善县	45607	65.63	2731	4413	0.150	0.688	0.013	0.046	0.266
阿拉尔市	77452	51.07	8350	7944	0.262	0.535	0.041	0.086	0.260
克拉玛依市乌尔禾区	18542	62.29	16112	8272	0.055	0.653	0.079	0.089	0.256
乌鲁木齐市头屯河区	41762	63.49	3398	3826	0.137	0.666	0.016	0.04	0.255
阜康市	49251	56.42	3397	9317	0.163	0.591	0.016	0.101	0.252

续表

地区名称	人均 GDP（元）	工业产值占 GDP 比例（%）	人均地方财政一般预算收入（元）	人均社会消费品零售总额（元）	人均 GDP 标准化值	工业比重标准化值	人均财政标准化值	人均消费标准化值	承接能力指数
乌鲁木齐市达坂城区	36747	63.58	7714	1723	0.119	0.667	0.037	0.016	0.25
若羌县	39149	60.73	7989	1432	0.127	0.637	0.039	0.013	0.243
富蕴县	37655	55.54	6143	4795	0.122	0.582	0.030	0.051	0.23
哈巴河县	32309	56.54	3192	3464	0.103	0.593	0.015	0.036	0.223
奎屯市	47554	45.99	2539	4411	0.157	0.481	0.012	0.046	0.203
托里县	23371	52.91	1552	1544	0.072	0.554	0.007	0.014	0.197
托克逊县	25056	50.68	2377	3100	0.078	0.531	0.011	0.032	0.195
昌吉市	37686	35.95	3090	12112	0.122	0.375	0.015	0.132	0.181
内蒙古自治区									
新巴尔虎右旗	132810	75.05	36491	9999	0.456	0.788	0.178	0.108	0.422
鄂尔多斯市东胜区	117453	32.96	29036	71593	0.402	0.344	0.142	0.793	0.416
包头市石拐区	125642	85.92	4890	5486	0.431	0.902	0.024	0.058	0.407
陈巴尔虎旗	89246	54.61	131095	6092	0.303	0.572	0.642	0.065	0.407
伊金霍洛旗	241334	58.5	158354	3337	0.836	0.382	0.319	0.034	0.401
阿巴嘎旗	76181	58.28	111583	8180	0.257	0.611	0.546	0.088	0.393
包头市昆都仑区	118455	48.58	5128	49206	0.405	0.509	0.025	0.544	0.387
包头市青山区	105386	46.91	6118	55712	0.360	0.491	0.030	0.617	0.387

续表

地区名称	人均GDP（元）	工业产值占GDP比例（%）	人均地方财政一般预算收入（元）	人均社会消费品零售总额（元）	人均GDP标准化值	工业比重标准化值	人均财政标准化值	人均消费标准化值	承接能力指数
呼和浩特市回民区	97806	12.9	4070	98659	0.333	0.132	0.020	1.094	0.374
乌海市海南区	121654	73.61	8071	4532	0.417	0.773	0.039	0.048	0.364
包头市白云矿区	82014	68.51	9627	22179	0.278	0.719	0.047	0.244	0.359
乌海市乌达区	90673	74.14	5142	5301	0.308	0.778	0.025	0.056	0.338
锡林浩特市	74299	57.7	75803	1921	0.251	0.605	0.371	0.019	0.336
呼和浩特市玉泉区	93252	28.44	4217	60710	0.317	0.296	0.020	0.672	0.326
霍林郭勒市	40395	66.4	58745	5109	0.132	0.696	0.287	0.054	0.325
托克托县	84045	69.83	14840	1727	0.285	0.733	0.072	0.016	0.319
二连浩特市	66455	29.41	118785	16548	0.223	0.307	0.581	0.181	0.317
苏尼特右旗	46220	64.1	48113	5261	0.152	0.672	0.235	0.056	0.312
鄂托克前旗	53504	38.18	116047	7058	0.178	0.399	0.568	0.076	0.309

资料来源：数据主要来源于《中国区域经济统计年鉴 2011》，此年鉴中没有纳入统计的部分县区的基础数据主要来源于《中国县（市）社会经济统计年鉴 2011》、《内蒙古统计年鉴 2011》、《重庆统计年鉴 2011》、《四川统计年鉴 2011》、《贵州统计年鉴 2011》、《云南统计年鉴 2011》、《广西统计年鉴 2011》、《陕西统计年鉴 2011》、《甘肃发展年鉴 2011》、《青海统计年鉴 2011》、《宁夏统计年鉴 2011》、《新疆统计年鉴 2011》、《内蒙古统计年鉴 2011》。人均 GDP 数据来源于内蒙古统计年鉴。工业产值占 GDP 比重、人均地方财政一般预算收入、人均社会消费品零售总额等数据根据上述相关数据整理计算。

后　记

本书是在我主持的 2009 年度国家社科基金项目《西部地区承接国内外产业转移的动力机制及效率研究》(项目编号 09BJL053,2013 年12 月结项)研究报告和发表在《南开经济研究》、《国际贸易》、《国际贸易问题》等杂志十余篇论文的基础上拓展、深化、修改而成的。

本书有关产业转移的动力机制和引力因素的研究还得到教育部2008 年度新世纪优秀人才支持计划的资助。在验收过程中,得到了辽宁大学校长黄泰岩教授(长江学者、专家组组长)、中国人民大学经济学院原院长黄卫平教授、北京师范大学经济学院副院长赵春明教授、兰州大学副校长高新才教授、西北师范大学经济学院院长樊元教授的指导。借此机会,再一次表达我们诚挚的谢意!

2011 年我在对外经济贸易大学挂职任校长助理期间,有机会密集地参加了各类学术活动,就本书的研究内容、方法和主要心得与全国多位专家进行过广泛而深入的交流,受益颇深,在此向各位专家学者表示诚挚的谢意!向对外经济贸易大学、兰州财经大学(原兰州商学院)各位领导、同事致以崇高的敬意和真诚的谢意!

感谢商务部政策研究室杨正位副主任的鼓励和点评!感谢甘肃省经济研究院原院长魏立桥研究员、甘肃省统计局郭立平主任、甘肃省贸促会吴丽霞副会长、青海省发改委那海处长在政策解读、数据分析等方面给予的帮助!

感谢国家哲学社会科学基金的资助以及五位匿名评审专家的意见

和建议,感谢甘肃省委宣传部理论处各位领导的鼓励和帮助,感谢兰州财经大学对本书出版的支持,特别感谢人民出版社经济与管理编辑部郑海燕编审严谨、高效的工作!

本书成稿前后,我在一些学术会议、座谈会和沙龙活动上汇报过研究心得和部分观点,得到政府官员、专家学者以及企业家们的认可和赞赏,也受到与会人员演讲的启发。主要有:甘肃省委宣传部 2009 年 11 月中旬组织的甘肃省"十二五"规划青年专家研讨会上的重点发言,商务部政策研究室 2014 年 3 月 1 日在对外经济贸易大学举办的内陆地区开放战略专家座谈会上的重点发言,在中国世界经济学会、中国国际贸易学会学术年会、甘肃省市场营销协会"营销甘肃沙龙"、丝绸之路经济带与商科人才培养研讨会、民营企业创富论坛上的若干次主题发言等。

本书大纲由朱廷珺起草,经各位作者反复讨论定稿。朱廷珺、安占然对全书做了修订和校对。各部分执笔人为:朱廷珺(兰州财经大学教授、博士):内容提要,第六章第三、四节,第七章,后记;高云虹(兰州财经大学教授、博士):第一章第三、四、五节,第二章第三节,第四章;胡静寅(兰州财经大学教授、博士):第二章第一、二、四节,第三章;安占然(兰州财经大学教授):导论,第六章第一、二节,参考文献;介小兵(兰州财经大学副教授):第五章,附表;李宏兵(北京邮电大学博士后):第一章第一、二节。

限于作者们的视野和水平,本书还有许多不足之处,诚恳地希望各位读者提出宝贵意见,我们将继续深化本课题的研究,力争为西部地区经济社会发展多做一些有价值的工作。

朱廷珺

2015 年 3 月 6 日